바람과
태양의 꽃 **소금**

미래생각발전소 5 바람과 태양의 꽃, 소금

초판 1쇄 발행 · 2011년 1월 10일
초판 6쇄 발행 · 2018년 6월 1일
글쓴이 · 김성호 | 그린이 · 영민
펴낸이 · 김민지 | 펴낸곳 · 미래M&B
등록 · 1993년 1월 8일(제10-772호)
주소 · 04030 서울시 마포구 동교로 134 미진빌딩 2층(서교동 464-41)
전화 · 02-562-1800 | 팩스 · 02-562-1885
전자우편 · mirae@miraemnb.com | 홈페이지 · www.miraei.com
블로그 · blog.naver.com/miraeibooks
ISBN 978-89-8394-554-9 74300 | ISBN 978-89-8394-550-1 (세트)
값 12,000원

글 ⓒ 김성호, 2011 · 그림 ⓒ 영민, 2011
사진 ⓒ 게티이미지

＊잘못 만들어진 책은 구입처에서 바꾸어 드립니다.
＊이 책은 저작권법에 따라 한국 내에서 보호받는 저작물이므로 무단 전재와 무단 복제를 금합니다.

아이의 미래를 여는 힘, **미래 i 아이**는 미래M&B가 만든 유아·아동 도서 브랜드입니다.

지식과 생각의 레벨업

미래생각발전소

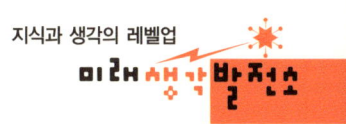

바람과 태양의 꽃 소금

김성호 글 | 영민 그림

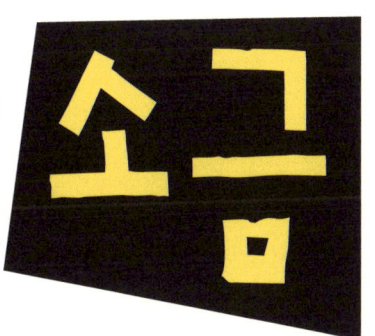

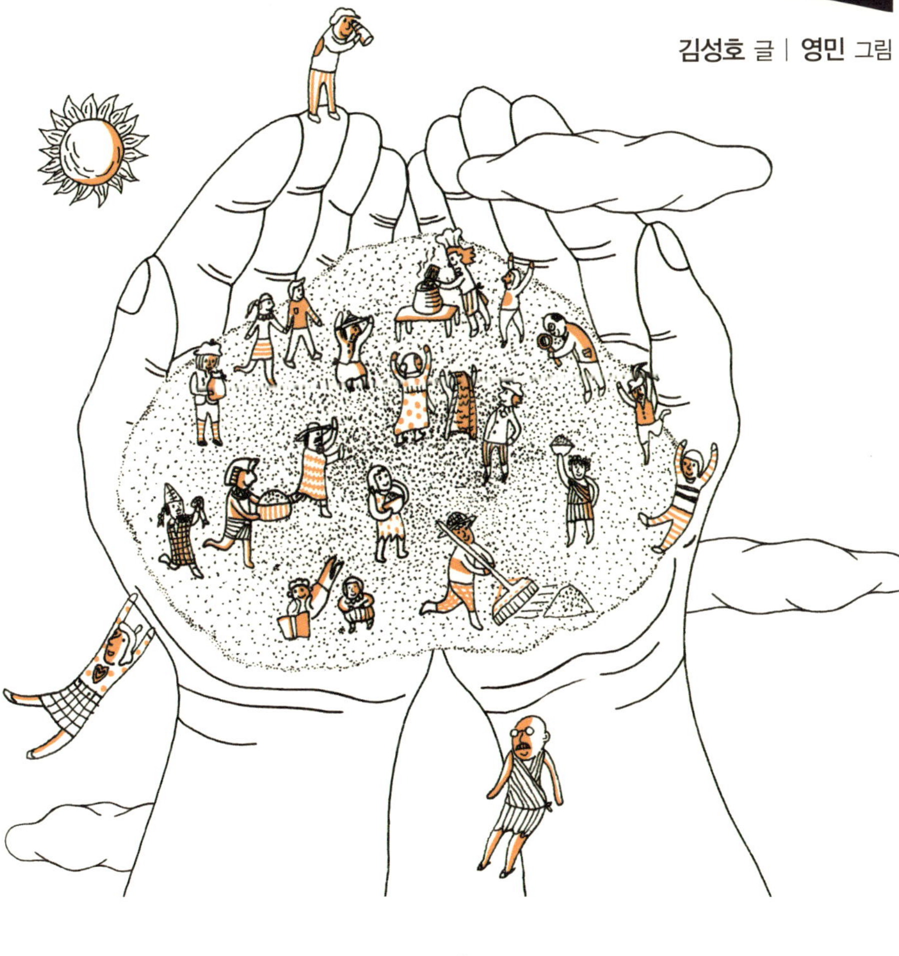

미래i아이

머리말

우리가 매일 음식을 통해 자연스럽게 섭취하는 소금. 소금이 없었다면 음식도 없었을 것입니다. 그만큼 소금은 우리에게 중요합니다. 그래서일까요? 소금은 역사적으로도 놀라운 기록을 가지고 있습니다. 사람이 먹을 수 있는 유일한 돌, 최초의 국가 간 거래 상품, 최초의 국가 관리 품목 등이 그것이지요.

참! 너무 당연하게 생각해 잊어버릴 뻔했네요. 소금은 지구상에서 유일하게 짠맛이 나는 물질이랍니다. 소금을 대체할 수 있는 물질이 없지요.

놀랍게도 소금은 불과 150년 전까지만 해도 세계에서 가장 비싼 물건이었습니다. 황금을 같은 무게의 소금으로 바꿀 수 있을 정도였으니까요. 그뿐인가요? 로마 시대의 군인들은 봉급으로 소금을 받았답니다.

소금이 이렇게 귀한 대접을 받은 것은 인간은 물론이고 모든 생물이 소금 없이 살 수 없기 때문입니다. 호랑이는 하루에 40그램, 코끼리는 무려 500그램의 소금을 먹어야 합니다.

인류는 소금을 찾기 위해 수천 년 동안 지구 곳곳을 찾아다녔습니다. 바다로 가면 되지 않냐고요? 우리나라는 삼면이 바다로 둘러싸여 소금을 구하기가 비교적 쉬웠어요. 하지만 바다와 먼 지역에서는 육지에서 소금을 찾아 헤매야 했답니다. 그 과정에서 뜻하지 않는 일들이 일어나기도 했어요. 고대 중국인은 소금 우물에서 천연가스를 발견했고, 화약을 발명했으며, 미국인은 소금 우물을 파다가 석유를 발견했지요.

소금은 세계 최초로 민주주의를 가능하게 한 프랑스 대혁명의 출발점이기도 했어요. 미국의 독립 전쟁과 인도의 독립 이야기에도 등장하고요. 이렇게 소금은 과학과 인류 역사에 큰 영향을 미쳤답니다.

지금은 어떠냐고요? 소금이 흔해지면서 몸에 좋은 소금, 음식 맛을 더욱 돋워 주는 소금을 찾고 있답니다. 그래서 세계는 지금 우리나라 천일염을 주목하고 있습니다. 우리나라 소금에 감동을 받은 한 일본인은 《한국 소금에 미친 남자》라는 책을 쓰고, '한국 소금을 사랑하는 모임'이 생길 정도로 일본과 세계는 우리나라 소금의 우수성에 놀라고 있지요.

인류가 가진 최고의 보물이라고 할 만큼 가치가 컸던 소금. 그럼 이제부터 짭조름한 소금 여행을 떠나 볼까요?

김성호

차례

Chapter 1 하얀 황금 소금
• 이름을 알면 소금이 보인다 12 • 종횡무진 소금의 활약 15 • 우리가 소금에 절여졌다고? 18 • 소금의 경제적 가치는 얼마? 27

Chapter 2 자연의 결정체 소금
• 지구는 소금 창고 36 • 자연은 소금을 원해! 39 • 소금 세 통의 기적 41 • 소금의 두 얼굴 45 • 먹고 또 먹어야 해! 50 • 생활의 과학으로 거듭나다 55

Chapter 3 식탁의 꽃 소금
• 가장 오래된 양념, 소금 62 • 귀한 소금 아껴 쓰던 비법, 간장 65 • 소금이 만들어 낸 마법, 발효 음식 70 • 발효 음식이 많은 우리나라 73

Chapter 4 인류의 구세주 소금

• 빙하기에서 인류를 구하다 80 • 소금이 부족해! 85 • 최초로 소금을 사용한 이집트 인 88 • 소금, 사막을 건너다 92 • 지중해 문화를 꽃피운 소금 96 • 햄을 개발한 소금 민족, 켈트 족 99 • 소금을 화폐로 쓰다 102

Chapter 5 역사를 바꾼 소금

• 세계 전쟁사를 바꾼 중국 소금 108 • 소금 전매제, 혁명을 부르다 111 • 소금에 절인 대구와 신대륙 발견 116 • 소금이 만든 권력, 한자동맹 121 • 소금과 미국 독립 전쟁 125 • 소금 우물에서 석유를 얻다 128 • 인도 독립의 시작, 소금 131 • 이제 소금은 필요 없다? 136

Chapter 6 인류의 '빛과 소금' 천일염

• 한국 소금에 반한 일본인 144 • 우리나라 소금의 역사 148 • 짜다고 다 같은 소금이 아니다 151 • 미네랄이 풍부한 우리나라 천일염 154 • 식탁의 꽃으로 피어난 천일염 162 • 한국 천일염, 세계로 나아가다 165
• **부록**: 소금의 종류 168

인류가 '하얀 황금'이라 부를 만큼 귀했던 소금.

소금의 경제적 가치는 얼마일까?

이름을 알면 소금이 보인다

　소금은 지구에서 유일하게 짠맛이 나는 돌이에요. 또한 사람이 유일하게 먹을 수 있는 암석이기도 하고요. 색깔은 보통 눈처럼 하얗고 생김새는 가늘고 곱지만 투박하고 굵은 것도 있어요.
　소금에 대해 알아보기 전에 부모님이나 어른들에게 소금이란 글자가 무슨 뜻인지 한번 물어보세요.

　"소금? 한자로 작은(小) 황금(金)이란 뜻이지. 옛날에는 금만큼 귀했으니까."
　"아닐걸? 작다는 뜻이 아니라 흰(素)색을 띤 황금(金)이란 뜻이야. 소금은 흰색이잖아."

　'작은 황금'이라든지 '하얀 황금'이라든지 다양한 대답을 할 거예요. 그런데 냉정히 말하면 다 틀렸어요. 국어사전이나 옥편에서 '소금'이란 단어를 한번 찾아보세요. '小金', '素金'이라는 글자들이 정말로 나오나요?

얼핏, 소금이란 말은 한자어처럼 보이지만 한자어가 아니에요. 순 우리말이에요. 한자로 소금은 염(鹽)이라고 해요. 염전, 염분이라고 할 때의 '염'이지요.

한자를 공통으로 사용하는 우리나라, 일본, 중국 이 동양의 세 나라는 모두 공식적으로 소금을 '염'이라는 글자로 표기해요. 단지 발음만 중국은 '앤', 일본은 '시오', 우리나라는 '염'이라고 다르게 부를 뿐이지요.

과학 시간에는 소금을 염화나트륨이라고 배울 거예요.

'염'이란 한자를 뜯어보면 고대 중국인들이 소금을 어떻게 대했는

소금은 오래전부터 국가가 생산량과 판매량을 조절해 온 전매품이었다.

지 재미있는 힌트를 얻을 수 있어요. 먼저 글자를 분해해 볼게요. 그러면 세 부분으로 이루어진 상형문자인 것을 알 수 있어요. 왼쪽은 신하(臣)이고 오른쪽 위 지붕처럼 생긴 글자는 소금이 나는 우물(鹵), 아랫부분은 그릇(皿)을 나타내요. 옛날 중국인은 소금을 바다가 아닌 우물에서 생산했거든요. 이 글자를 풀이하면, 국왕의 명을 받은 신하가 소금 그릇을 지킨다는 의미가 된답니다. 다시 말하면 소금은 오래전부터 국가가 생산량과 판매량을 모두 조절하고 점유했던 전매품이란 뜻이에요.

앞으로 '염'이란 단어가 계속해서 나올 거예요. 염산, 염세(소금에 부과되는 세금), 염전, 염장 식품(김치, 된장 등 소금에 절인 식품)……. 모두 소금과 관련되어 있어요.

그런데 우리 민족은 왜 '염'이라는 글자 대신, 소금이라고 했을까요? 그것은 당시 소금이 황금처럼 귀한데다 하얀 빛이 났기 때문일 거예요.

그만큼 소금은 생활에 꼭 필요하면서도 흔한 게 아니었답니다.

종횡무진 소금의 활약

요즘 우리는 소금을 흔히 볼 수 있어요. 그러다 보니 소금이 얼마나 귀한 건지 알지 못해요. 음식점의 식탁 위나 양념 통을 넣어 둔 찬장을 열어 보면 하나쯤은 꼭 있거든요. 종류도 다양해서 슈퍼마켓이나 대형 마트에 가면 여러 가지 종류의 소금을 볼 수 있어요. 굵은 소금, 맛소금, 구운 소금, 죽염, 천일염이란 이름으로 말이에요.

만약 사람들에게 소금에 대해 말해 보라고 하면 어떻게 말할까요?

"소금이라…… 많이 먹으면 몸에 해로워."
"소금? 삶은 계란 먹을 때 필요한 것!"

대부분의 사람들은 소금을 음식의 간을 맞추는 양념으로 알고 있어요. 많이 먹으면 해롭다고 생각하고요.

하지만 삶은 계란을 먹을 때나 국을 끓일 때, 나물을 무칠 때 간을 맞추는 용도로 쓰이는 건 소금이 쓰이는 약 1만 4천 가지 용도 중 하나에 불과해요.

소금은 우리가 미처 생각하지 못했던 곳까지 아주 다양하게, 그리고 널리 쓰이고 있답니다. 소금을 담는 유리통도 사실은 소금으로 만들었고요. 치약과 비누, 심지어 우리가 입고 있는 옷에도 소금이 들어 있어요.

그뿐인가요? 소금의 활약은 아주 눈부셔요. 우리가 지금까지 지구상에 존재할 수 있는 것도 다 소금 덕분이고요. 아주 오래전 빙하기에서 인류를 구원한 것도 소금이에요.

옛날 사람들의 생활에서는 더 말할 것도 없어요. 지금 우리가 쓰고 있는 봉급(salary), 군인(soldier), 소스(source), 샐러드(salad)란 말도 모두 소금에서 나왔어요. 그만큼 소금이 중요한 부분을 차지했다는 것을 알 수 있어요.

소금은 이렇게 사람들의 생활 깊숙이 그 존재를 드러내지 않으며 소중한 맛을 보여 주고 있답니다.

우리가 소금에 절여졌다고?

프랑스 민담에 이런 이야기가 있어요. 하루는 왕이 딸을 불러서 물었어요.

"사랑하는 공주야, 너는 이 아버지를 얼마나 사랑하느냐?"
"네, 저는 아바마마를 소금만큼 사랑합니다."
"뭐야, 겨우 소금만큼이라고?"

왕은 크게 화가 났어요. 아니, 애지중지 키워 줬더니 자신을 황금도 아니고 소금만큼만 사랑한다니요. 딸에게 무시 당했다고 생각한 왕은 공주를 왕국에서 추방해 버린답니다. 하지만 나중에 소금의 중요성을 알고는 딸이 한 말에 담긴 소중함을 깨달았다고 해요. 이렇게 민담이 전해 내려올 만큼 소금은 옛날부터 귀한 물건이었어요.

사람들은 귀한 물건일수록 이야기를 많이 만들어 내요. 이런 이야기는 전설이 되기도 하고, 종교로 만들어졌다가 때로는 미신이 되기도 하지요. 태양과 달, 불을 신성하게 여겨 숭배했던 것처럼요. 그러니 소금을 믿는 종교가 만들어졌다고 해도 그리 놀랄 일은 아니에요. 그만큼 귀한 물건이었으니까요.

전 세계에 퍼져 있는 소금에 얽힌 이야기와 미신은 정말 많아요. 따로 책으로 만들어야 할 정도로요.

요즘 소금은 어떤 것은 한 봉지에 500원도 해요. 500원이면 어지간한 과자보다 더 싼 가격이잖아요. 그래서 우리는 진열대에 놓인 소금 한 봉지가 불과 100년 전까지는 인류가 힘들여 찾았던 물건들 중 하나였다는 사실을 종종 잊고 살지요.

소금의 소중함을 담은 옛날 사람들의 이야기를 해 볼까요?* 우선 종교와 관련된 소금 이야기부터 시작하는 게 좋을 것 같네요.

놀랍게도 종교 속 소금은 소중하고 경건한 물질로 묘사되어 있어요. 옛날 가톨릭 성당에 가면 성수와 함께 소금을 나눠 줬어요. 살사피엔시아라는 좀 긴 이름의 소금인데, '지혜의 소금'이라는 뜻이지요.

성서에도 소금에 관한 이야기가 자주 나와요. 특히 "이는 여호와 앞에 너와 네 후손이 변하지 않는 소금 언약이니라."라는 구절이 나오는데, '소금 언약'이라는 말은 신과 인간이 맺은 약속을 소금에 빗대 그 소중함을 강조하고 있어요. 그래서인지 지금도 유대인들은 금요

옛날 이스라엘 사람들의 소금 사용법

이스라엘 사람들은 소금을 신과의 언약에 비유할 정도로 소중히 여겼다. 그만큼 소금이 생활 깊숙이 쓰였는데, 흙을 비옥하게 만들기 위해 뿌리는 것도 소금이었고, 월급으로 소금을 받기도 했다. 심지어 소금을 부의 가치로 여겨 소금을 지키는 군인을 두는 집도 있었다.

일이면 안식일 빵을 소금에 찍어 먹어요. 빵을 신의 선물이라 믿고 신과의 계약을 지키기 위해서 소금을 같이 먹는 것이지요.

소중한 만큼 소금에 대한 금기 사항도 많았어요. 가톨릭을 믿었던 중세 유럽 인들은 식사할 때 절대로 손으로 소금을 집어서는 안 되었어요. 반드시 나이프의 끝으로 조심조심 소금을 건드려 먹어야 했지요. 모르긴 몰라도, 밥 먹다가 소금을 흘려서 야단 맞은 어린이들이 집집마다 꽤 많았을 거예요.

반면, 유대인들은 손가락으로 소금을 집을 수는 있었지만, 반드시 가운데 손가락 두 개로만 만져야 했어요. 엄지손가락으로 소금을 만지면 자녀들이 죽고, 집게손가락으로 만지면 살인자가 되고, 새끼손가락으로 집으면 가난해진다고 믿었거든요.

또 소금은 남녀의 사랑과 결혼에서도 상징적인 물질이었어요.

"얼레리 꼴레리, 들었어? 우물가 청년이 뽕나무 집 처녀와 사랑에 빠졌대."
"둘이 살락스네!"

어, 이게 무슨 말일까요? '살락스'란, '소금에 절여진 상태'라는 뜻이에요. 고대 로마 인들은 사랑에 빠진 사람을 그렇게 불렀어요.

고대 로마에서는 사랑에 빠진 남녀를 소금에 절여진 상태에 비유했다. 소금에 절여지면 원래 상태로 돌아갈 수 없는 속성을 사랑과 같은 것으로 본 것이다.

그뿐인가요? 유럽 인들은 사랑은 물론 결혼과 출산에도 소금을 변치 않는 사랑과 다산의 상징물로 이용했어요. 프랑스의 어떤 지역에서는 결혼을 할 때 신랑은 왼쪽 주머니에 소금을 넣고 신부는 소금을 뿌린 신발을 신고 교회로 가서 결혼식을 했어요. 그렇게 하면 자식을 많이 낳을 수 있다고 믿었거든요. 왜 그랬을까요? 소금은 바다에서 얻을 수 있는 물질이잖아요. 바다에는 육지보다 훨씬 더 많은 생물이 살고 있고요. 그만큼 자식을 많이 낳으라는 뜻이었던 거죠.*

서양 속담 속 소금

'소금을 쏟으면 재수가 없다.'
중세 시대 유럽에서 생선과 고기를 보존할 수 있는 유일한 방법은 소금을 뿌려 두는 것이었다. 과학적인 원리는 몰랐지만 소금이 나쁜 귀신으로부터 음식을 보호해 준다고 믿었기 때문이다. 게다가 당시 소금은 아주 비싸고 소중한 것이기도 했다. 그러니 소금을 쏟으면 재수가 없을 수밖에. 그래서 소금을 쏟으면 쏟아진 소금을 조금 집어 왼쪽 어깨 너머로 던졌다. 그러면 귀신이 뚝 떨어져 악운을 모면한다고 믿었다.

또 소금은 변하지 않는 충성과 우정의 상징이기도 했어요. 왜냐하면 소금은 물에 녹았다가도 물이 증발하면 다시 네모난 결정체로 돌아오거든요. 그래서 사람들은 소금이 변하지 않는다고 믿었어요.

고대 이집트 인과 그리스, 로마인들은 제사를 지낼 때 제물로 반드시 소금을 바쳤어요. 영국이 인도를 식민지로 만들었을 때 인도 군대는 영국에 대한 충성을 소금으로 맹세하기도 했고요.

소원을 빌 때에도 소금이 등장해요. 일본에는 '모리지오'라는 풍습이 아직도 남아 있어요. '모리지오'란 좀 넓은 그릇에 소금을 담아 두는 걸 말해요. 이 미신은 중국의 한 고사에서 비롯되었어요.

옛날 중국에 어떤 후궁이 있었어요. 그 후궁은 황제의 사랑을 받기 위해 기발한 꾀를 하나 냈지요. 바로 소금을 그릇에 담아 자기 집 앞에 두는 것이었어요. 왜 하필 소금이냐고요? 황제가 타는 수레를 끄는 소가 소금을 좋아했거든요. 소가 소금을 먹기 위해 수레를 멈추면 황제도 내릴 수밖에 없었을 테니까요. 아주 똑똑한 후궁이죠?

'모리지오' 풍습은 지금도 이어져 일본 곳곳에서 찾아볼 수 있어요. 가게와 화장실 앞에 소금 그릇을 놓아 두면 좋은 일이 생긴다고 믿고 있지요. 심지어는 운동장에서까지도 이 소금 그릇을 볼 수 있어요. 이승엽 선수가 활약하던 야구팀 요미우리 자이언츠는 몇 년 전 큰 시합을 앞두고 있었어요. 그 시합에서 꼭 이기고 싶었던 자이언츠 선수들은 대기석 근처에 소금을 쌓아 두고 승리를 빌었대요. 그런데 뜻밖의 일이 일어났어요.

"앗, 코치님! 소금을 밟으면 어떡해요? 흑흑."
"엇? 실수했네."

지나가던 코치가 무심코 그 소금을 밟은 거예요. 그리고 공교롭게도 그날 자이언츠는 다 이긴 시합을 역전패 당했다고 해요. 그래서 많은 일본인들은 그때 요미우리 자이언츠가 시합에 진 이유가 신성한 소금을 밟았기 때문이라고 아직도 믿고 있대요.

소금이 사악한 것을 몰아 낸다고 믿는 사람들도 있어요. 일본의 전통 극장에서는 지금도 공연 전에 반드시 무대 위에 소금을 뿌려요. 또 일본의 전통 스포츠인 스모 시합에서도 선수들이 허공에 소금을 뿌려요. 모두 악귀를 내쫓는 의식이래요. 프랑스 인들은 세례를 받기 전까지 아기에게 소금을 뿌렸고, 네덜란드 인들은 아기의 요람에 소금을 놓아두었대요. 서인도 제도에 있는 섬 아이티의 주민들은 좀비에게 생명을 불어넣기 위해 소금을 뿌리기도 했다나요. 좀비라니, 이건 좀 으스스한 이야기군요.

그럼, 우리나라는 어떨까요?

"소금 좀 가져와라."
"왜요?"
"반갑지 않은 손님이 왔다 갔잖아."

또 이런 경우도 있지요.

"잉잉, 엄마! 나 이불에 오줌 쌌어."
"아주 잘했다, 윤석아. 얼른 옆집 가서 소금 얻어 와!"

우리 조상들은 아이가 자다가 오줌을 싸는 것은 나쁜 기운이 아이의 몸을 약하게 하기 때문이라고 믿었어요. 실제로 몸에 소금이 부족하면 신장(콩팥)이 약해져 오줌을 자주 누게 돼요.

지혜로웠던 우리 조상들은 그 사실을 잘 알고 있었던 거예요. 그러

오줌 싼 아이에게 소금을 얻어 오라고 시킨 풍습에는 우리 조상의 놀라운 지혜가 녹아 있다.

고 보면 소금에 대한 미신은 동서양이 별로 다르지 않지요?

이렇게 소금에 미신이 많은 것은 소금이 가지고 있는 재주 때문이에요. 변변한 약이 없던 시절, 소금은 거의 유일한 만능 약이었어요. 상처가 난 곳에도 발랐고, 몸에 회충이 생겼을 때도 먹었으며 이 닦을 때에는 치약처럼 사용했어요. 그 외에도 관장약, 구토제, 안약까지 그야말로 쓰이지 않는 곳이 없었지요.

소금은 인간의 몸만 치료해 준 것이 아니라 훌륭한 건축의 재료이자 건물의 예방 백신이기도 했어요.

"건물의 예방 백신이 무슨 말이야?"
"옛날 집들은 주로 나무로 지어졌어. 목조 건물은 흰개미들에게 굉장히 약하거든. 그런데 흰개미들은 소금을 굉장히 싫어해. 그래서 건물을 지을 때 소금을 넣곤 했지."

우리 조상들은 한옥을 지으면서 황토를 반죽하고 대나무를 엮어서 벽을 만들 때 반드시 소금을 집어 넣었어요. 이렇게 하면 벽도 튼튼해지고 흰개미나 벌레들이 나타나지 않아요. 벽뿐만 아니라 기둥과 주춧돌, 서까래, 심지어는 기와에도 소금을 넣었어요. 소금은 벌레들뿐만 아니라 쥐들도 싫어하거든요.

이렇게 지은 가장 대표적인 건물이 합천 해인사예요. 팔만대장경으로 유명한 이 오래된 절에는 무려 700년이나 내려온 장경각이라는 목조 건물이 있는데, 장경각이 아직도 튼튼하게 서 있는 것은 바닥에 숯과 횟가루, 소금을 넣었기 때문이래요.

소금의 경제적 가치는 얼마?

지금부터 우리 숨은 그림 찾기를 해 볼까요? 주변에서 소금을 한 번 찾아봐요. 단, 음식점의 식탁 위나 부엌의 찬장 안, 냉장고에 들어 있는 음식, 그리고 슈퍼마켓의 소금 진열대는 빼고요.

그럼 찾을 수 없다고요?

과연 그런지 화장실부터 시작해 볼까요? 화장실 바닥과 벽에 촘촘히 박혀 있는 타일, 이것은 소금이 있어야 만들 수 있어요. 세면대 위의 맑은 거울에도 소금이 들어 있어요. 손을 씻는 비누를 만들 때에도 소금이 꼭 들어가요. 화장실과 세면대의 물이 흘러 나가는 하수도 관도 소금이 있어야만 만들 수 있어요. 심지어는 변기 옆에 걸려 있는 화장지에도 소금이 들어 있어요. 믿을 수 없겠지만 사실이에요.

조금만 신경 쓰면 우리 주변은 소금이 들어간 물건들로 가득하다는 것을 알 수 있어요. 플라스틱, 통통 튀는 농구공, 거실의 전구와 장식장 안의 도자기, 책장 속의 책, 렌즈……. 그뿐인가요? 세탁실의 표백제와 세제, 옷장 안에 걸려 있는 합성섬유, 냉장고 안에 있는 청량음료, 귀여운 강아지가 맛있게 먹는 사료, 알람 시계 속에 들어 있는 건전지, 그리고 바퀴벌레가 무서워하는 살충제, 약국에서 파는 말라리아 예방제와 항생제, 정신병 치료제와 신경안정제, 주차장의 자동차 타이어와 그 타이어가 굴러다닐 수 있는 거리의 아스팔트 등! 어휴, 소금이 들어간 것을 일부만 얘기해도 이렇게 숨이 차네요.

여러분도 눈치챘겠지만, 소금은 배추와 고등어를 절이는 데에만 사용하는 것이 아니에요. 어쩌면 인간의 삶 자체가 소금에 푹 절여져 있을지도 몰라요. 왜냐하면 오늘날 소금이 사용되는 용도는 무려 1만 4천여 가지나

되니까요. 1만 4천여 가지 중, 가정에서 요리의 양념으로 사용하는 소금은 겨우 3퍼센트밖에 되지 않아요. 그러니까 나머지 97퍼센트는 집 밖에서 음식이 아닌 다른 용도에 사용하고 있는 셈이지요.

이렇게 약방의 감초처럼 생활에 두루두루 쓰이니 소금이 우리 경제에 미치는 영향은 어마어마하겠지요?

먼저 국내 소금 시장의 크기를 알아보도록 해요. 1년에 우리나라가 생산하는 소금은 약 2천억 원어치 정도예요. 그중 가정에서 요리하는데 쓰이는 소금은 약 37퍼센트인 760억 원, 나머지는 공업용 소금이

오늘날 소금이 사용되는 용도는 무려 1만 4천여 가지나 된다.
소금을 꼭 필요로 하는 산업도 무려 600개가 넘는다.
소금이 없다면 이 공장들은 모두 문을 닫아야 한다.

에요. 2천억 원이라는 숫자는 얼핏 대단해 보이지만, 다른 산업에 비교하면 매우 보잘것없는 수준이에요. 2천만 원 정도 하는 중형차 1만 대를 생산하는 것에 불과하거든요. 참고로 우리나라에서 1년에 팔리는 중형차는 120만 대가 넘어요.

하지만 생산 규모가 작다고 해서 소금의 중요성까지 작은 건 아니에요. 소금 없이는 자동차가 만들어질 수도 없으니까요. 타이어와 유리창 없는 자동차를 자동차라고 부르지는 않으니까요.

소금이 우리 경제에 미치는 영향을 알려면, 질문부터 바꿔야 해요.

"소금이 없어진다면 우리 경제가 받는 피해는 얼마나 될까요?" 하고 말이에요.

소금이 들어가지 않는 산업은 거의 없어요. 특히 제조업이 그래요. 여기서 제조업이란 전자 제품이나 선박, 휴대폰 등 공장에서 물건을 만드는 산업을 말해요. 플라스틱, 유리*, 고무 제품, 철강 등 소금이 들어가지 않는 물건은 거의 없답니다.

식품업을 포함해, 제약, 철강, 화학, 건설, 세제, 제지 등 소금을 꼭 필요로 하는 산업은 무려 600개가 넘어요. 소금이 없다면 이 공장들은 문을 닫아야 해요. 특히 우리나라는 국내 총생

유리를 만드는 소금

소금은 전기분해를 통해 염소와 나트륨으로 쉽게 분해된다. 이렇게 분리된 염소는 락스 같은 표백제의 주원료이다. 자동차 부동액도 역시 염소 화합물이다. 유리는 보통 규사, 소다회, 석회석을 섞은 다음 강한 열로 녹여서 만든다. 주원료인 소다회가 바로 나트륨 화합물이다. 그래서 유리를 만들 때에는 소금이 아주 많이 필요하다.

산(GDP)에서 제조업이 차지하는 비중이 약 25퍼센트로 경제협력개발기구(OECD) 30개 국가들 중 가장 높아요. 25퍼센트라는 수치는 약 24억 달러, 우리 돈으로 무려 2조 6천억 원이죠. 이것이 바로 소금이 만들어 내는 부가가치예요. 물론 이것은 제조업에 한해서만 그렇다는 뜻이에요.

소금은 공장에서만 꼭 필요할까요? 절대로 그럴 리가 없지요. 농사를 지을 때 뿌리는 비료와 겨울에 땅이 얼지 말라고 뿌리는 동토 방지제, 그리고 가축들이 먹는 사료에도 소금이 들어가요. 농업과 어업, 광업 같은 1차 산업은 물론 서비스업과 같은 3차 산업에서도 소금은 꼭 필요하고요. 그래서 소금의 경제적 가치를 정확하게 숫자로 나타내는 것은 무의미할지도 모르겠어요.

이제 소금의 가치 속으로 들어가 볼까요?

지구에 생명을 불어넣어 주는 소금!

그 정체를 알아보자.

지구는 소금 창고

신이 지구와 생명체를 만들었다면, 신이 우리 인류에게 준 최고의 선물은 무엇일까요? 석유라고요?

신이 인간에게 준 최고의 선물은 바로 소금이에요. 친절한 신은 지

구에 큰 소금 창고도 같이 지어 주었어요. 게다가 석유가 나지 않는 나라는 많지만, 소금이 나지 않는 나라는 아주 드물어요. 지하자원처럼 고갈될 걱정을 할 필요도 없어요.

　　소금의 나이는 대략 지구의 나이와 같아요. 45억 년 전, 지구가 형성되었을 때 소금도 함께 생겨났어요. 바다는 있었지만 지금의 바닷물처럼 짜지는 않았어요. 타임머신을 타고 날아가 그 맛을 보면 틀림없이 강물처럼 밍밍했을 거예요.

　　당시 육지는 심한 몸살로 끙끙대고 있었어요. 지각이 불안정하다 보니 쉬지 않고 가스를 뿡뿡 뿜어냈지요. 이 가스 속의 수증기와 염화수소가 바위에 포함된 산화나트륨과 결합해 염화나트륨이 만들어졌답니다.

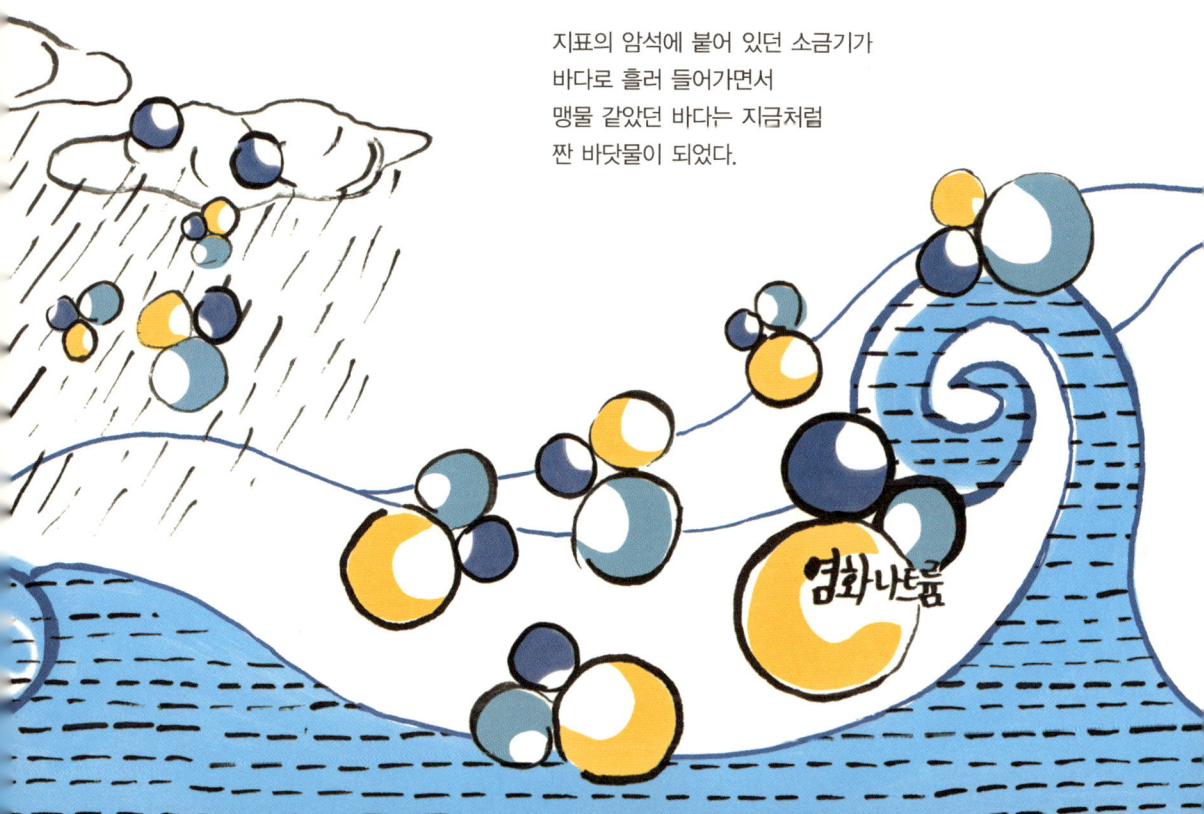

지표의 암석에 붙어 있던 소금기가 바다로 흘러 들어가면서 맹물 같았던 바다는 지금처럼 짠 바닷물이 되었다.

그리고 얼마 후 큰 비가 내렸어요.

빗물은 지표와 암석에 붙어 있던 소금기를 싣고 바다로 흘러 들어갔어요. 소금기의 종착역이 바로 바다였던 셈이에요. 맹물 같았던 바다는 오랜 시간 동안 같은 과정이 반복되면서 지금처럼 짠 바닷물이 되었지요. 오늘날 바닷물에 녹아 있는 소금의 농도는 약 2.5~3퍼센트 정도나 된답니다.

바다가 지구 표면의 70퍼센트를 덮고 있다는 건 알고 있지요? 그 드넓은 바다에 녹아 있는 소금으로 지구를 덮으면 그 두께가 무려 37미터가 된다고 해요. 지구가 거대한 소금 창고라는 건 이제 더욱 분명해지네요.

이렇게 많다고 소금을 무시하지 마세요. 석유와 석탄, 천연가스가 없으면 우리 사람들은 '많이 불편' 할 뿐이지만 소금이 없다면 '생존' 할 수가 없어요. 덧붙이자면, 석유를 정제하는데 꼭 필요한 것도 소금이랍니다.

가장 짠 바다와 가장 짜지 않은 바다

이스라엘과 요르단 사이에 사해라는 호수가 있다. 죽음의 바다라는 뜻이다. 왜 그런 이름이 붙었을까? 사해는 세계에서 가장 짠 바다이다. 보통 바다의 염도는 약 3퍼센트지만 사해는 무려 30퍼센트다. 너무 짜서 물고기조차 살 수 없기 때문에 죽음의 바다라는 이름이 붙은 것이다. 반면 세계에서 가장 짜지 않은 바다는 북유럽의 발트해이다. 발트해의 염분 농도는 0.4퍼센트에 불과하다. 그래서 겨울철에는 얼어붙기까지 한다.

자연은 소금을 원해!

소금은 바다에만 있는 게 아니에요. 부엌이나 슈퍼마켓에 있을 뿐 아니라 바다와 땅속, 호수, 흙과 풀, 나무, 심지어는 공기 중에도 소금이 둥둥 떠 있답니다.

그런데도 우리가 소금을 잘 느끼지 못하는 것은 냄새도 나지 않는 데다 결정이 물처럼 투명하기 때문입니다.

"어, 소금이 투명하다고? 우리 집 소금은 눈처럼 하얀걸?"
"그건 소금 표면이 고르지 않아 빛이 흩어져서 그렇게 보이는 거야."

하지만 봄이 되면 우리도 소금의 존재를 몸으로 느끼게 된답니다. 봄이 되면 어쩐지 기운이 없고, 졸리고, 몸이 아프다고 하는 사람이 주변에 꼭 한 사람은 있지 않나요?

"나, 요즘 나른한 게 입맛도 없고 아무래도 봄을 타는 것 같아."

이렇게 봄을 타는 이유가 바로 소금 때문이에요. 자연이 우리로부터 소금을 빼앗아 가거든요.

인간과 동물뿐 아니라 식물도 소금이 필요해요. 특히 새싹이 돋아나 자라나는 봄에 식물은 주변의 공기나 토양으로부터 소금을 흡수해요. 그래서 식물이 한참 자라나는 봄부터 여름 사이, 염전의 소금 수확량은 평균 0.5퍼센트 정도 줄어들고, 집에 있는 소금의 염도도 무려 30퍼센트 정도나 낮아진다고 해요.

그 반대로 겨울에 내리는 눈을 모아 끓이면 소금 맛이 난대요. 다음 해 봄을 기다리며 자연이 미리미리 소금을 저장해 두기 때문이라지요.

봄을 탈 때, 가장 좋은 처방전은 바로 평소보다 소금을 좀 더 먹는 것이 되겠지요?

소금 세 통의 기적

　소금을 꼭 먹어야 한다는 사실을 모르는 사람은 없어요. 그러나 그 이유를 잘 알고 있는 사람은 많지 않아요. 대답은 의외로 간단하답니다. 우리 몸은 나트륨이라는 물질을 스스로 만들어 낼 수가 없기 때문이에요.

　소금을 다른 말로 염화나트륨이라고 불러요. 소금이 염소라는 원소와 나트륨이라는 원소가 결합된 물질이기 때문이지요. 그런데 우리 몸은 나트륨이 없으면 핏속의 적혈구를 만들어 내지 못해요. 적혈구는 장기에 영양분과 산소를 실어 나르는 역할을 해 주는데, 적혈구가 부족하면 장기에 영양분과 산소를 공급할 수 없어 죽고 말아요.

　또 나트륨은 신경 자극을 뇌에 전송해 뜨거움이나 차가움 등을 느끼게 해 주고, 생각을 할 수 있게 해 주며, 뇌의 명령을 신체 기관에 전달하는 일도 해 준답니다. 그래서 나트륨이 부족하면 신경 자극을 뇌에 전송하거나 뇌의 명령을 신체 기관에 전달할 수가 없어요. 다시 말해, 손가락 하나도 구부릴 수 없다는 뜻이에요. 그래서 사람은 꼭 소금을 먹어야 하는 거예요.

진화론에서도 우리가 소금을 꼭 먹어야 하는 이유를 찾아 볼 수 있어요. 진화론에 따르면 인간의 고향은 바다라고 해요. 물고기(어류)가 진화해서 개구리(양서류)가 되었다가 허파로 숨을 쉬는 포유류로 변해 왔다는 거죠.

진화론자들은 그 증거로 어머니 배 속에 있는 태아의 생김새에 대해 이야기해요. 태아를 유심히 살펴보면 물고기의 아가미처럼 생긴 것을 볼 수 있거든요. 그리고 시간이 흐르면서 개구리의 물갈퀴 비슷한 것이 생겨났다가 손과 발로 변하고 털이 생겨나면서 진짜 인간의 모습으로 변해 가지요. 과학자들은 이런 현상을 아주 오래전 바닷속에서 살다가 진화를 거쳐 육지로 올라왔기 때문이라고 설명한답니다.

또한 진화론자들은 인간의 혈액, 림프액 등의 체액과 산모의 양수가 바닷물 성분과 거의 똑같다는 점도 인류가 바다에서 기원했다는 증거로 들고 있어요. 즉, 엄마의 배 속은 작은 지구이고, 양수는 바닷물인 셈이지요.

꼭 이런 주장이 아니어도 신기하게도 우리 몸의 약 70퍼센트를 차지하는 물 성분이 바닷물과 똑같아야 한대요. 만일 이 균형이 무너지면 인체에는 즉각 이상 증세가 생긴다고 하는군요. 소금을 적게 먹거나 너무 많이 먹으면 병이 들거나 자칫 죽을 수도 있다는 뜻이에요.

그래서 아기가 먹는 엄마의 젖에도 소금이 들어 있고 몸이 아플 때 병원에서 맞는 링거액에도 소금이 들어 있답니다.

그럼, 사람은 하루에 소금을 얼마나 먹어야 할까요? 어른은 하루에 최소 10그램 이상의 소금을 반드시 섭취해야 해요. 세계보건기구(WHO)의 일일 소금 권장량은 6그램이고요.

진화론에 따르면 인간을 포함한
포유류의 조상은 바닷속 물고기다.

소금의 양은 자기 체중의 약 0.9퍼센트를 유지해야 하는데, 이것은 링거액의 주성분인 생리 식염수의 소금 농도와 정확히 일치하는 수치입니다. 이 말은 우리 몸에 최소 250그램의 소금이 늘 들어 있어야 한다는 뜻이에요. 작은 소금 통 3개의 양과 비슷하지요.

바닷속 물고기는 어떻게 짠 소금물에서 살 수 있을까?

붕어나 잉어, 피라미 같은 강에 살고 있는 물고기들을 바다에 풀면 금방 죽고 만다. 그런데 상어나 가자미, 참치 같은 물고기들은 어떻게 짠 바닷물에서 살 수 있을까? 두 물고기의 아가미가 달라서 그렇다. 민물고기의 아가미는 소금을 흡수하도록 되어 있다. 반면 바닷물고기는 물을 들이킬 때 물만 마시고 소금은 흡수하지 않는다.

그리고 이 두 물고기의 몸에도 차이가 있다. 둘 다 사는 환경에 따라 다른 방식으로 삼투압(반투막을 사이에 두고 농도가 다른 두 액체 중 농도가 낮은 쪽이 높은 쪽으로 옮겨 가는 현상)에 완벽히 적응해 있다. 민물에서 농도가 높은 민물고기 몸 안으로 농도가 낮은 민물이 많이 들어온다. 그래서 물을 많이 내 보내기 위해 묽은 오줌을 많이 누도록 몸이 적응되어 있다. 이에 비해 바닷물고기는 몸의 농도보다 바닷물의 농도가 높아 몸의 물이 자꾸 빠져나간다. 빠져나가는 물을 최대한 붙잡기 위해 오줌을 진하게, 적게 누도록 몸이 적응되어 있다.

소금의 두 얼굴

로마 신화에 야누스라는 신이 있어요. 야누스는 시작과 끝의 신인데, 오늘날 좋은 면과 나쁜 면을 동시에 가진 사람을 야누스의 얼굴이라 불러요.

소금도 야누스의 얼굴을 가지고 있어요. 웃는 얼굴과 무서운 얼굴을요. 몸에 소금이 부족하면 신장의 기능이 약해져요. 하지만 소금을 너무 많이 먹으면 오히려 신장이 공격을 받는답니다. 또 의사들은 짜게 먹으면 고혈압에 걸린다고 경고를 해요. 염화나트륨이 혈압을 올리기 때문이에요. 하지만 소금에 있는 칼륨은 오히려 혈압을 내려 준답니다.

소금이 가진 이런 두 개의 얼굴 때문에 사람들은 종종 편을 갈라 다투곤 해요. 소금을 많이 먹으면 위험하다고 말하는 사람과 가려 먹으면 조금 더 먹어도 괜찮다는 사람들. 소금이 건강에 위험하다고 말하는 사람의 이야기를 들어 볼까요?

"음식을 싱겁게 먹는 국민일수록 오래 산다."

텔레비전이나 신문에서 아주 쉽게 들을 수 있는 말이죠? 실제로 많은 사람들이 그렇게 믿고 있기도 하고요. 자, 이번에는 여기에 반대하는 사람들의 이야기도 한번 들어 보도록 해요.

"정말로 소금을 적게 섭취하기만 하면 오래 살까? 에스키모 인들은 물고기와 물고기에 배인 소금만 먹을 뿐인데도 평균 수명이 40세 밖에 안 되는데?"
"뭐야, 몇 명 되지도 않는 에스키모 인은 빼야지!"
"좋아, 그럼 우리나라 인구의 두 배인 독일은? 독일인들은 짠 음식을 좋아하기로 유명해. 세계보건기구(WHO)의 일일 소금 권장량보다 4배에 가까운 25그램의 소금을 먹지만 대표적인 장수 국가야."

소금을 둘러싼 이 논쟁은 오늘날도 계속되고 있어요. 하지만 양쪽 다 한 가지 사실에는 동의를 하고 있어요. 소금은 몸에 이로운 성격과 해로운 성격 모두를 가지고 있다는 사실이죠.
소금이 가진 야누스의 얼굴 중, 웃는 얼굴부터 살펴볼까요?
건강한 사람의 체온을 재면 약 36.5도예요. 여름철 한낮 기온과 비슷한 수준이지요. 게다가 인간은 항온 동물이기 때문에 이 체온은 늘 유지돼요. 문제는 이 정도 온도라면 몸 속의 피와 다른 체액이 부패하기 딱 좋은 환경이라는 거예요. 무더운 한 여름에 생선을 밖에 두면 금방 부패하는 것과 같지요.
그런데 왜 이 온도에서 체액은 썩지 않을까요?

핏속에 녹아 있는 0.9퍼센트의 소금기 때문이에요. 또 소금은 혈액과 혈액 외의 몸 속 체액의 산과 염기 비율인 수소 이온 농도가 7.4로 유지되도록 해 줘요. 이 비율이 깨지면 우리 몸은 산, 알칼리 중독증을 앓게 되고 말지요. 이런 것들이 소금이 우리 몸에 주는 이로운 성격이랍니다.

그렇다면 소금이 가진 무서운 얼굴은 무엇일까요?

"염화나트륨($NaCl$)은 나트륨(Na)과 염소(Cl)가 결합된 물질로 투명한 정육면체의 결정을 가지고 있다. 이것을 소금이라 부른다."

과학자들이 붙여 준 소금의 또 다른 이름이 염화나트륨이란 걸 알고 있지요? 염화나트륨에서 나트륨과 염소의 결합 비율은 약 40 : 60이에요. 1그램의 소금에 400밀리그램의 나트륨과 600밀리그램의 염소가 들어 있다는 뜻이지요. 그런데 염소와 나트륨은 둘다 대단히 위험하고 난폭한 물질이랍니다. 나트륨은 쉽게 폭발하는 성질 때문에 화약을 만드는데 사용될 정도고요, 염소는 불에 태우면 독한 가스를 만들어 내요. 특히 나트륨을 필요 이상 섭취할 경우 고혈압과 각종 성인병에 시달리게 되지요. 그런데 신기하게도 나트륨과 염소, 두 문제아가 소금으로 합해지면 얌전해진답니다.

소금은 염소와 나트륨만으로 이뤄져 있지는 않아요. 소금에는 황산과 마그네슘이라는 무서운 얼굴이 더 있어요. 특히 천일염의 경우 칼륨, 칼슘, 마그네슘, 황산 등의 물질이 소금의 결정에 잔뜩 들러 붙어 있답니다. 사실 소금의 결정은 물처럼 투명해요. 이런 소금의 색깔이 눈처럼 희게 보이는 것은 바로 마그네슘 때문이에요.

두부를 만들 때 쓰는 간수에도 마그네슘 성분이 들어 있어요. 간수

소금은 우리의 몸을 썩지 않게 하고 수소 이온 농도(pH)를 7.4로 유지시켜 준다. 하지만 필요 이상 섭취할 경우 고혈압과 각종 성인병에 시달릴 위험성이 커진다.

를 넣으면 두부가 먹기 좋게 딱딱하게 굳지만, 간수는 그냥 먹으면 절대 안 돼요. 간수의 성분인 염화마그네슘은 인체에 아주 해롭거든요. 가열해서 먹지 않으면 체내 단백질을 단단히 굳게 만들고 간까지 공격한답니다.

바다 소금을 프라이팬에 넣고 센 불에서 가열해 보세요. 아주 지독한 냄새의 독가스가 나올 거예요. 이것이 황산과 마그네슘이에요. 그래서 우리 조상들은 소금으로 간장과 된장을 담글 때 대나무 잎과 숯을 사용했어요. 소금의 독성을 없애기 위해서요.

소금을 염려하는 사람과, 소금 섭취가 안전하다고 말하는 사람들의 의견을 다 들은 여러분들은 어떻게 생각하나요? 건강한 소금은 있지만, 많이 먹어도 괜찮은 소금은 없어요. 우리가 먹는 음식은 모두 그렇답니다.

소금과 간수

간수는 염전에서 생산한 천일염에서 줄줄 흐르는 물질이다. 이 간수를 다 빼내야 상품으로서 가치가 생긴다. 그래서 천일염을 생산하는 염전 창고에 가 보면, 막 생산한 천일염을 자루에 담아 차곡차곡 쌓아둔 것을 볼 수 있다. 소금 포대 속에서 독한 간수를 빼내기 위해서이다. 시간이 지나면 소금 포대에서 우윳빛 물인 간수가 흘러 나온다.

먹고 또 먹어야 해!

우리는 밥을 먹으면 화장실에 다녀오고 밤이 되면 잠을 자요. 이 과정을 신진대사*라고 해요. 신진대사에 문제가 생기면, 우리는 '건강하지 못하다'라고 말해요. 그런데 이 신진대사에 꼭 필요한 것이 바로 소금이에요.

그럼 우리 몸의 신진대사 과정을 따라가 볼까요?

점심 반찬으로 맛있는 고등어구이가 나왔어요. 고등어는 입 속에서 잘게 씹힌 다음 위 속으로 들어가요. 위는 위액을 분비해 고등어를 다시 한 번 잘게 자르고 해로운 불순물들까지 제거해 줘요.

그런데 이 위액의 성분은 강한 염산이에요. '염'이라는 단어는 소금을 뜻하는 한자라고 앞에서 설명했죠? 염산도 우리가 먹은 소금으로 만들어져요. 방금 먹

> **신진대사**
>
> 사람뿐만 아니라 살아가는 모든 생물은 신진대사를 한다. 필요한 물질을 흡수하여 몸에서 필요로 하는 물질로 합성하거나 분해해서 생명을 유지하고, 남은 찌꺼기를 밖으로 내보내는 것이다. 우리가 음식을 먹고 소화하고 움직이고 화장실을 다녀오는 일들이 모두 신진대사의 일부이다.

은 고등어에 들어 있는 그 소금과 같은 소금으로 말이죠. 그러니 소금을 먹지 않으면 염산을 만들 수 없어요. 염산이 없다면 위는 음식물을 분해할 수 없어 조금만 먹어도 늘 더부룩함을 느끼고 말 거예요.

게다가 우리가 매일 먹고 마시는 물과 음식은 100퍼센트 깨끗하지 않아요. 공기 중의 불순물들과 이롭지 못한 균들이 잔뜩 섞여 있지요. 그런데도 우리가 끄떡없이 살아가는 것은 위산이 불순물과 균을 살균해 주기 때문이에요.

소금은 위액을 만들 뿐 아니라 피의 활동에도 중요한 역할을 해요. 심장은 우리가 죽을 때까지 멈추지 않고 펌프 질을 하는데, 그것을 심장 박동이라고 해요. 피는 심장 박동의 힘 덕분에 온몸으로 뻗어 나가요. 이렇게 중요한 심장이 건강하게 펌프 질을 하려면 반드시 소금이 필요해요. 소금이 우리 몸에 없다면 펌프 질이 약해지고 끝내 목숨마저 잃게 되지요.

핏속에는 도넛처럼 가운데가 볼록 들어간 적혈구라는 물질이 있어요. 백혈구는 나쁜 병원균을 때려잡는 불실이고, 적혈구는 우리가 호흡해서 받아들인 산소를 혈관을 타고 다니며 몸으로 배달하는 택배 기사예요. 그런데 혈관이 이물질이나 기름으로 막혀 있으면 교통 정체를 일으켜 산소 배달이 늦어지게 되지요. 더 심해지면 큰 병으로 죽을 수도 있어요. 그것이 고혈압이에요. 이것을 예방해 주는 것이 소금이지요. <u>쓱싹쓱싹, 소금은 막힌 혈관을 청소해 준답니다.</u> 또한 적혈구를 만드는 것은 철분인데 철분 역시 소금으로 만들어져요.

고등어에서 소화 흡수된 소금과 수분은 혈관을 타고 신장에 도착

하여 오줌으로 배출될 준비를 해요. 소변을 담당하는 기관이 바로 신장이거든요. 하지만 오줌을 누고, 안 누고를 결정하는 것은 신장이 아니라 계급이 더 높은 뇌예요. 뇌는 몸 속 소금의 양을 늘 체크하고 있다가 신장에 명령을 내려요.

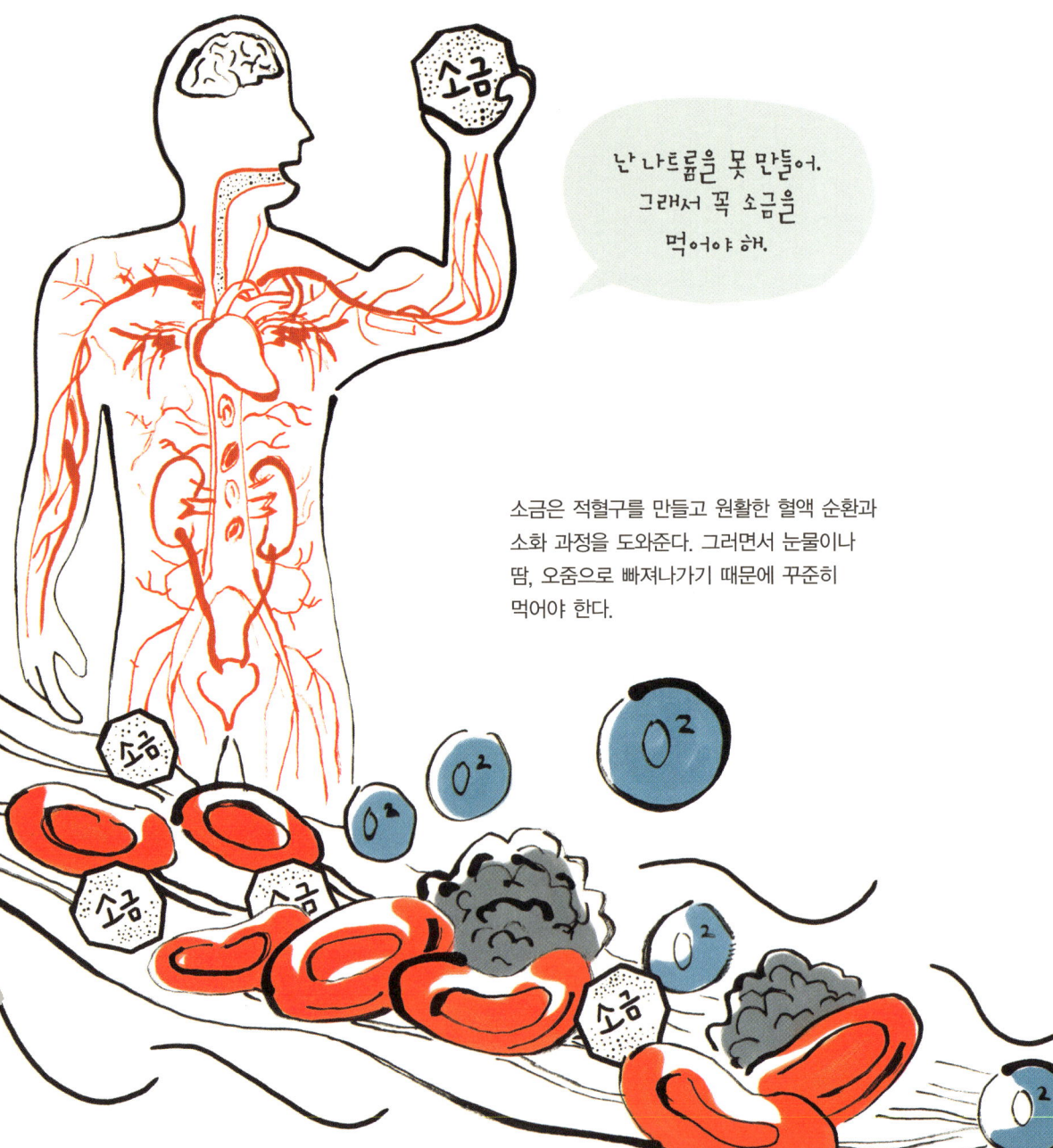

난 나트륨을 못 만들어. 그래서 꼭 소금을 먹어야 해.

소금은 적혈구를 만들고 원활한 혈액 순환과 소화 과정을 도와준다. 그러면서 눈물이나 땀, 오줌으로 빠져나가기 때문에 꾸준히 먹어야 한다.

"신장님, 헉헉. 뇌님의 명령을 갖고 왔습니다."
"어디 보자, 요즘 몸에 소금이 부족하니 당분간 오줌을 내보내지 말라고? 뇌님께 알았다고 전해 드려라."

우리의 오줌에는 노폐물 말고도 소금이 섞여 있어요. 그래서 오줌을 눌수록 몸의 소금은 빠져나가게 되지요. 앞에서도 말했지만 우리 몸에는 반드시 0.9퍼센트의 소금이 항상 있어야 해요. 이 비율을 유지하기 위해서 우리는 적당한 소금을 꾸준히 먹어야 하고요. 왜냐하면 소금은 자꾸 써 버리는 소모품이거든요. 소금은 위액과 적혈구를 만드는 데 소모되고 때로는 눈물과 오줌으로도 빠져나가요.

소금을 너무 적게 섭취했을 경우 우리 몸은 허겁지겁 소금을 찾아요. 찾아도 찾아도 소금이 부족하면 급한 대로 소변에 녹아 있는 소금까지 긁어 갑니다. 그러면 소변이 나오지 않게 되는 거죠.

하지만 이런 식으로 계속 소변을 보지 못하면 어떻게 될까요? 소변 속의 노폐물이 몸 안에 잔뜩 쌓여 녹성 물질로 변해 급기야 신장에 병이 나게 된답니다. 신장이 나빠지면 우리는 쉽게 피곤해지고 무력감을 느끼지요. 그래서 우리는 소금을 꾸준히 먹어야 해요.

반대로 몸에 소금이 너무 많으면 어떻게 될까요?

"신장님, 새로운 명령을 갖고 왔습니다."
"몸에 소금이 충분해졌으니 이제 소변으로 배출해도 된다고? 휴, 살았다."

이렇게 몸 안에 소금이 많으면 뇌는 방광에 소변을 배출하라는 명령을 내린답니다. 소금, 알고 보니 자연과 인류에 정말 대단한 일들을 해 주고 있네요.

생활의 과학으로 거듭나다

불과 200년 전까지는 대부분의 소금을 음식의 재료로 사용했어요. 요리할 때 간을 맞추거나, 치즈, 햄, 절인 생선, 된장, 간장과 같은 발효 음식을 만드는 재료로 말이죠. 음식에 든 소금 덕분에 사람들은 생명을 유지할 수 있었지요. 사람들은 그것으로 충분하다고 생각했어요.

하지만 1807년, 약품 상에서 견습공으로 일하던 한 화학자가 5천 년 간 꽁꽁 숨겨져 있던 소금의 비밀을 풀어 내면서 사람들의 생각은 확 달라졌어요. 그리고 소금은 굉장히 바쁘신 몸이 되었답니다. 부엌은 물론 플라스틱 공장, 유리 공장, 제약 회사, 심지어 섬유 공장에 이르는 모든 공장에서도 소금이 필요해졌거든요.

소금의 비밀을 풀어 낸 사람은 바로 험프리 데이비였어요. 데이비는 소금이 염소와 나트륨의 결합물이라는 비밀을 풀어 냈어요. 전기를 사용해 소금을 염소와 나트륨으로 분리해 낼 수 있었거든요. 흐르는 전류를 소금물에 통과시켜 나트륨과 칼륨, 마그네슘, 염소를 분해했던 거예요. 이 과정을 '전해'라고 불러요. 전기로 분해한다는 뜻이지요.

분명히 소금은 화학식으로 염화나트륨이에요. 하지만 소금 결정에는 염소와 나트륨뿐 아니라 칼륨, 칼슘, 마그네슘 등이 다닥다닥 붙어 있어요. 우리는 이것들을 미네랄이라고 불러요. 소금에 붙어 있는 미네랄은 어디서 나는 소금이냐에 따라서 조금씩 다르지요.

예를 들어 미국의 소금 호수인 그레이트솔트 호의 소금은 기분 좋은 짠맛이 나는데 비해, 중동에 있는 사해의 소금은 메스꺼운 짠맛이 나요. 그것은 솔트 호의 소금은 미네랄이 거의 없고 대부분이 염화나트륨 덩어리인데 비해 사해의 소금은 마그네슘이 가득하기 때문이에요.

이러한 사실들은 데이비가 소금 분해에 성공하기 전까지 알려지지 않은 비밀이었어요.

험프리 데이비 덕분에 사람들은 나트륨, 염소, 칼륨 등을 사용해 새로운 물건들을 만들 수 있게 되었어요. 특히 화학 산업이 크게 발전을 하게 되지요. 그래서 이것을 '알칼리 혁명'이라고 부른답니다.

Chapter 3
식탁의 꽃
소금

짠맛의 강한 매력이

인류를 사로잡았다.

가장 오래된 양념, 소금

"소와 돼지가 불에 구워지는 동안 군인들은 일렬로 서서 지나가며 침을 뱉었다."

기원전 1200년경 호메로스가 트로이 전쟁을 소재로 쓴 유명한 대서사시 『일리아드』에 나오는 대목이에요. 고대 군인들은 왜 더럽게 음식에 침을 뱉었을까요? 그 비밀은 바로 소금이에요.

흔히들 고기를 구워 먹을 때 고기 위에 솔솔 소금을 뿌리잖아요. 그건 고기를 맛있게 굽기 위한 거예요. 3200년 전 사람들도 그 사실을 잘 알고 있었던 거죠. 당시에는 소금이 귀해서 구하기가 어려웠는데, 인간의 침에는 소금이 있거든요. 어떻게 침에 소금 성분이 있다는 걸 알았는지 모르지만, 고기를 맛있게 먹으려고 침을 이용했다는 게 참 놀랍기만 합니다.

고기 요리에 소금을 뿌리는 이유는 소금이 단백질의 천적이기 때문이에요. 단백질은 소금을 만나면 그대로 굳어 버려요. 마치 고양이랑 마주친 생쥐처럼요. 삼겹살이나 스테이크를 불에 구울 때를 생각해 보세요. 고기에 소금을 솔솔솔 뿌리면 고기 속의 단백질이 굳어 버려 육즙과 수분이 고스란히 남아 맛있어져요.

생선을 구울 때 생선 살이 쉽게 부스러져 보기 싫게 되는 경우가 있죠? 이럴 때에도 소금을 뿌리면 살이 부스러지지 않고 바삭하고 맛있는 생선 살을 먹을 수 있어요.

단백질이 풍부한 음식에 삶은 계란이 빠지면 섭섭하겠죠? 계란을 삶을 때 간혹 껍질이 터져 흰자가 보기 싫게 삐죽 비치는 경우가 있는데 소금을 넣고 삶으면 단백질인 흰자가 흘러나와도 곧 굳어 버리기

소금을 넣느냐, 안 넣느냐에 따라 음식 맛의 차이가 크다.
고기 맛은 물론 채소에 뿌리면 색까지 싱싱하게 살려 준다.

때문에 으깨지지 않아요. 물론 껍질도 쉽게 벗길 수 있고요.

육류뿐만 아니라 채소류를 먹을 때에도 소금은 빼놓을 수 없는 양념이에요. 고소한 나물을 무칠 때에도, 샐러드 소스에도 소금은 꼭 필요해요. 소금이 채소류의 맛을 돋울 뿐 아니라 생생한 색도 살려 주거든요. 비타민 C가 풍부한 녹색 나물은 그냥 먹기에는 거칠기 때문에 물에 살짝 데쳐야 하는데, 이때 소금을 넣으면 나물 고유의 푸른빛이 그대로 유지될 뿐만 아니라 먹기 알맞게 부드러워져요.

소금을 넣는 것과 안 넣는 것에 따라 음식 맛이 너무 차이가 나니까 옛날 사람들은 어떻게라도 소금을 넣고 싶었나 봐요. 소금이 귀했던 시절이니 적은 소금으로도 짠맛을 내려고 생선을 소금에 절여 나온 물을 음식에 양념으로 넣거나 콩을 소금에 절여 나온 간장을 양념으로 사용하기도 했어요.

얼마나 훌륭한 방법이었는지 지금까지도 이 방법은 많은 사람들의 사랑을 받으며 이어지고 있답니다.

귀한 소금 아껴 쓰던 비법, 간장!

　소금의 역사를 유심히 살펴보면 말이에요, 심심치 않게 등장하는 음식이 하나 있어요. 약방의 감초처럼 말이죠. 바로 생선이에요. 소금이 있는 곳에는 반드시 소금에 절인 생선이 나오지요.
　고대 이집트 인들은 나일 강 물고기를 잡아 소금에 절여 중동에 수출을 했고, 페니키아 인들은 참치를 소금에 절였어요. 소금 제국 로마도 소금에 절인 생선으로 가룸이라는 독특한 소스를 만들었고요.
　아시아는 어떨까요? 베트남에는 누옥맘이라는 생선 소스가, 캄보디아, 미얀마에는 바고옹이라는 생선 소스가 있어요. 태국에도 생선 소스 남플라가 있고요.
　우리나라도 빠지면 섭섭하겠지요? 우리나라에는 멸치젓, 새우젓, 조기젓 등 어류별로 젓갈이 있을 정도랍니다.
　중국에서는 소금을 만든 이후 내내 물고기와 소금을 같이 팔았어요. 기원전 450년, 중국인 위둔은 최초로 철제 솥으로 소금물을 끓여 소금을 생산했는데, 위둔에게는 친구 두 명이 있었어요. 철제 솥을 만들어 준 대장장이 국중과 양어장을 발명한 판리라는 사람이에

요. 이후 중국에서는 소금이 나는 곳 가까이에는 항상 양어장이 있었다고 해요.

간장이 콩으로 만들어진다는 사실은 잘 알고 있을 거예요. 하지만 세계 최초의 간장이 바로 생선으로 만들어졌다는 사실은 잘 알려져 있지 않아요.

고대 중국인은 요리할 때 함부로 음식에 소금을 뿌릴 수 없었어요. 워낙 비쌌으니까요. 그래서 생선을 소금에 절여 발효시킨 후 요리할 때 양념으로 사용했어요. 중국인들은 이 양념을 장, 혹은 짱유라고 불렀어요.

그러다가 중국인은 점차 생선 대신 콩을 사용하기 시작했어요. 콩을 처음으로 재배한 민족도 중국인이었거든요.* 무려 700년 간의 재배 끝에 노란 콩을 소금에 절여 간장을 만들 수 있게 됐어요.

우리나라에 콩이 전해진 것은 삼한 시대예요. 이후 콩으로 만든 메주에 물과 소금을 넣어 발효시켜 간장을 만들 수 있게 되었지요.

간장에 대한 최초의 기록은 삼국사기에 나와 있어요. 신문왕 3년(683년)에 왕비를 맞을 때 오늘

콩의 종주국은 중국일까, 우리나라일까?

그동안 콩의 종주국, 다시 말해 세계에서 가장 먼저 콩을 재배한 나라는 중국이라고 널리 알려져 왔다. 그런데 최근 콩의 종주국이 한국이라는 주장이 제기되었다. 콩은 약 3천 년 전 만주 지방에서 처음 재배했는데, 당시 만주에 살던 민족이 바로 우리 조상이라는 것이다.
콩의 종주국이 한국이라는 새로운 의견이 제시된 건 콩이 그만큼 우리나라 음식 문화에 끼친 영향이 크기 때문이다. 우리 음식에 없어선 안 되는 간장, 된장, 고추장의 원료가 모두 콩이라는 것도 이를 뒷받침한다.

날의 혼수와 비슷한 폐납품목으로 쌀, 술, 장, 시, 해 등을 보냈다는 기록이 있거든요. 이 중에 '장' 이 바로 간장을 말하지요.

간장 제조법을 자세히 적은 책도 나왔어요. 바로 1803년에 출간된 규합총서예요. 규합총서에서는 간장을 지령, 혹은 지렴이라고 적었어요. 하지만 당시에도 일반 백성들은 이미 간장이라고 불렀지요.

콩이 일본에 전해진 시기는 서기 6세기나 되어서였어요. 400년 후인 서기 10세기에 일본인들도 최초로 간장을 만들어 먹기 시작했어요. 일본에서는 간장을 '쇼유' 라고 부르는데 한자가 중국과 똑같이 장유예요.

일제 강점기가 되자 우리나라에 일본의 간장이 많이 들어왔어요. 우리 전통 간장은 가정에서 메주를 이용해 오랜 시간 발효시켜 만들지만 일본의 간장은 공장에서 콩 단백질을 분해한 아미노산 액에 간장 원액을 섞어 대량으로 생산했어요.

이런 방식으로 만든 간장을 진간장, 혹은 혼합 간장이라고 해요. 일본인들이 만들었다고 해서 왜간장으로도 불렀지요.

요즘 우리가 슈퍼마켓에서 가장 많이 사 먹는 간장은 양조간장이에요. 양조간장은 조선간장을 만드는 것처럼 메주로 자연 숙성시켜서 만들어요. 그렇다면 전통 간장과 양조간장의 차이점은 뭘까요? 그것은 바로 메주의 재료에 있답니다. 전통 간장을 만드는 메주는 순수 콩으로 만들지만 양조 간장의 메주는 콩과 밀로 만들거든요.

저마다 나름의 유래와 역사를 지닌 중국의 짱유, 한국의 간장, 일본의 쇼유…….

비록 발음도 다르고 맛도 조금씩 다르지만, 모두 콩으로 만들어진 소스라는 공통점을 가지고 있어요. 그 소스 맛의 기저에는 바로 소금이 있고요. 이렇게 소금은 인류 음식 문화에 아주 큰 기여를 했어요. 소금 덕분에 우리는 맛있고 건강에도 좋은 발효 음식을 먹을 수 있게 된 거예요.

폼페이 화산 분출 시기를 알려 준 액젓, 가룸

로마 시대에 화산 폭발로 멸망한 도시 폼페이의 화산재 밑에서 화산 분출 시기를 알려 주는 유물이 나왔다. 그것은 폼페이의 가장 유명한 액젓 제조업자였던 아울루스 움브리차우스 스카우루스의 집에서 발견된, 7개의 항아리에 담긴 '가룸'이다. 이 가룸을 분석한 결과, 화산 분출이 서기 79년 8월 24일에 일어났다는 것을 알게 되었다고 한다.

가룸을 어떻게 만들었을까? 항아리에 코리앤더, 펜넬, 셀러리, 박하, 오레가노 등 향 있는 약초를 넣고 그 위에 지중해에서 잡은 생선을 얹었다고 한다. 그 위에 소금을 두껍게 덮어 항아리를 가득 채웠다. 그리고 햇볕에 1주일 정도 발효시킨 다음 20일 간 섞어 주었다고 한다. 그러면 냄새는 지독하지만 맛은 새콤달콤한 가룸을 먹을 수 있었다. 로마인들은 매일 가룸을 먹을 정도로 가룸을 좋아했다.

소금이 만들어 낸 마법, 발효 음식

생선 소스나 간장은 상할 걱정 없이 오래도록 두고 먹을 수 있는 음식이었어요. 그렇게 오래 저장할 수 있었던 비결은 바로 소금이 만들어 낸 '발효 작용'이었지요. 발효를 사전에서 찾아 보면 '미생물이 효소를 사용해 유기물을 분해하는 활동'이라고 적혀 있어요. 무슨 말일까요? 한마디로 음식이 썩는다는 소리예요.

그럼 생선이 썩거나 두부가 쉬는 것도 된장이나 간장처럼 발효라고 할 수 있을까요?

당연히 썩은 생선과 된장은 다르지요. 생선이 썩는 것은 부패라고 하고, 된장이나 간장이 만들어지는 것은 발효라고 해요. 발효와 부패는 유기물이 분해되는 것과 조금 고약한 냄새가 난다는 점에서 매우 비슷하기는 해요. 외국인들이 처음 우리의 젓갈이나 홍어회, 된장 냄새를 맡으면 썩은 냄새가 난다고 코를 막거든요.

중국에도 두부를 발효시킨 취두부라는 음식이 있는데 거의 하수구 냄새가 나요. 우리나라의 삭힌 홍어보다 냄새가 더 고약하지요. 일본은 또 어떻고요. 일본에는 우리의 청국장과 비슷한 콩 발효 음식인 낫

토가 있고, 태국에는 토아나오라는 대표적인 콩 발효 음식이 있지요.

냄새는 비슷해도 부패와 발효는 엄연히 달라요. 부패균과 발효균이 다르거든요. 부패균은 유기물을 분해하면서 우리가 먹을 수 없는 음식으로 만들어 버리지만, 발효균은 오히려 몸에 좋은 음식으로 만들어 줘요. 그 차이는 바로 소금이에요. 소금이 들어 있느냐 없느냐에 따라 발효가 되기도, 부패가 되기도 하지요.

우리나라 김치도 대표적인 발효 음식이에요. 발효 중에서도 젖산

소금이 들어가면 부패균은 모두 죽어 버리고 발효균은 살아남아 음식을 썩지 않게 해 주며 맛있게 발효시킨다.

발효 음식이지요. 이 젖산 발효에 꼭 필요한 게 바로 소금이에요.

"우와, 그럼 모든 발효 식품에는 소금이 있는 거네?"
"아니, 그렇지는 않아. 술은 알콜 발효라 소금이 들어가지 않거든."

채소는 육류와 달리 썩기 시작하면 당이 화학 변화를 일으켜 방부제 역할을 하는 젖산을 생산해요. 이때 소금이 없으면 채소 속에 들어 있는 탄수화물과 단백질이 너무 빨리 부패해 버려 젖산만으로는 채소가 보존되지 않는답니다. 효모가 생기고 젖산 발효* 과정에서 이미 알코올이 생겨 상해 버리거든요. 하지만 일단 소금이 들어가면 부패균은 힘을 쓸 수가 없어요.

> **발효의 종류**
>
> 발효에는 크게 네 종류가 있다. 알콜 발효(술), 초산 발효(식초), 젖산 발효(김치, 치즈, 요구르트), 아미노산 발효(된장, 간장, 젓갈)가 그것이다. 이 중 소금과 관련된 발효 음식은 젖산 발효와 아미노산 발효다.

김치 외에도 음식 중에 '절임'이란 단어가 들어간 음식은 젖산 발효 음식이랍니다. 오이절임, 무절임 같은 것들이 바로 그것들이에요.

발효 음식이 많은 우리나라

세계적으로 발효 음식은 아주 많아요. 유럽에는 치즈와 버터, 요구르트가 있고, 일본에는 츠케모노(절임음식)가 있어요. 그뿐인가요? 중국에도 춘장뿐 아니라 차를 발효시킨 보이차가 있고, 베트남에는 늑음맘, 인도네시아에는 청국장과 비슷한 템페가 있어요.

하지만 세계에서 한국인만큼 발효 음식을 즐겨 먹고 또 매일 먹는 국민은 없을 거예요. 오늘 저녁, 밥상 앞에서 한번 세어 보세요.

"에……. 김치, 된장국, 그렇지, 새우젓도 발효 음식이지. 엇, 고추 무침도 있네?"

"얘! 너, 밥 안 먹고 뭐하니?"

식탁의 음식들 중 발효 음식이 몇 가지나 되나요? 만일 반찬이 다섯 가지 이상이라면 최소 두 가지 이상은 발효 음식일 거예요.

우리 민족은 어쩌다가 이렇게 발효 음식을 사랑하게 되었을까요?

우리나라는 북위 32도에서 42도 사이에 위치한 북반구 국가들 중 유일한 농경 국가예요. 산이 많고 평지가 협소해 육류보다는 채소와 곡물류를 많이 길러 먹었지요.

대신 삼면이 바다라서 수산물은 풍부한 편이었어요. 바다로 둘러싸여 품질 좋은 소금을 구하기도 아주 쉬웠고요.

그런데 우리나라 기후가 대륙성 기후라 덥고 습한 여름 때문에 음식이 부패하기 쉬운 악조건을 지니고 있었어요. 겨울에는 너무 추워 채소류가 전혀 자라지 않았고요.

우리나라는 삼면이 바다라 소금 구하기가 참 쉬워!

그래서 우리 조상들은 채소와 해산물을 오랫동안 저장해서 먹는 방법을 곰곰이 연구했어요. 그렇게 해서 탄생한 것이 소금으로 절여 발효시킨 김치와 젓갈 같은 절임 음식들이었답니다. 김치에서는 풍부한 비타민을, 젓갈 음식에서는 채소와 곡식 위주의 식생활에서 부족해지기 쉬운 칼슘과 단백질을 얻을 수 있었어요.

하지만 똑똑한 우리 조상들은 거기서 그치지 않았어요. 해산물로는 충분하지 않은 단백질 섭취를 콩을 발효시켜 만든 된장에서 보충하는 방법까지 생각해 냈으니까요. 그리고 보면 소금은 우리 몸에 꼭 필요한 물질이기도 하지만 맛있는 음식을 위해서도 빠져선 안 되는 소중한 존재라 하겠습니다.

Chapter 4

인류의 구세주 소금

소금은 사람들이 농사를 짓고,

무역을 하고, 문화를 나누게 했다.

빙하기에서 인류를 구하다

2007년 5월, 한 목동이 시베리아의 강변을 걷고 있었어요. 그리고 발에 차이는 딱딱한 것을 발견하고는 호기심으로 한번 파 보았어요.

땅속에서 나온 것은 동태처럼 꽁꽁 얼어 있는 어린 매머드였어요. 매머드는 약 2만 년 전까지 지구에 살았던 코끼리의 조상이에요. 이 가엾은 새끼 매머드는 2만 년 동안 얼어 있었던 거죠. 2만 년 전, 지구에는 대체 무슨 일이 있었던 걸까요?

2만 년 전 지구는 여러분이 상상하기 힘들 정도로 기온이 급격하게 내려간 빙하기*였어요. **온 지구가 일 년 내내 겨울만 계속되었지요.** 그런데 놀랍게도 이 꽁꽁 언 빙하기에도 사람들이 살

지금은 간빙기

빙하기는 빙하시대 가운데서도 특히 세계적으로 기후가 엄청나게 추워져서 고위도 지방이나 높은 산악 지대에 빙하가 많이 생겼던 시기를 말한다. 지금까지 지구 역사상 큰 빙하기가 네 번 정도 있었던 것으로 추측된다. 빙하기가 생긴 이유는 태양에너지의 주기적인 변화와 지구 자전축의 변화, 대기 성분 변화로 인한 온실 효과 등을 든다. 신생대 기준으로 약 10만 년 주기로 빙하기가 있었고, 지금은 빙하기와 빙하기 사이의 간빙기이다.

고 있었어요. 그들이 바로 네안데르탈 인이에요.

　날씨가 너무 추워 식물은 거의 자라지 않았어요. 과일 나무는 구경도 할 수 없었지요. 이끼류나 겨우 자라났을까요. 그래서 네안데르탈 인은 사냥을 해야만 먹고 살 수 있었어요.

　제일 좋은 사냥감은 털이 두터운 순록이었어요. 고기도 먹고 두터운 털 가죽은 옷으로 만들어 입을 수 있었으니까요. 덤으로 소금까지 얻을 수 있었어요. 동물의 고기와 피에는 충분한 소금이 들어 있거든요.

　하지만 네안데르탈 인도 순록 사냥에 매일 성공하지는 못했어요. 그럴 때에는 눈을 파헤치고 순록이 즐겨 먹는 이끼를 뜯어 먹었어요. 이끼는 소금기를 품고 있는 식물이었거든요. 순록 역시 이끼를 먹으면서 소금을 섭취했던 거예요. 2만 년 전의 네안데르탈 인들은 소금에 대해 잘 몰랐지만 본능적으로 반드시 먹어야 한다는 것을 알았어요.

　그렇게 춥고 긴 시간이 흘렀어요.

"빙하가 녹는다, 야호!"

　조금씩 날씨가 풀리더니 빙하와 눈이 서서히 녹기 시작했어요. 4만 년을 이어온 기나긴 빙하기가 끝나가는 신호였어요. 그런데 빙하기 내내 사람들을 살려 주었던 소금이 빙하기를 풀리게 한 은인이었다면 믿을 수 있겠어요?

　빙하기에도 소금기가 녹아 있는 바다가 있었어요. 이 바다는 호수처럼 고여 있지 않고 강물처럼 어디론가 계속해서 흘렀답니다. 오늘날도 바다가 흐르는데 그 흐름을 해류라고 하지요. 이렇게 바닷물이 흐를 수 있던 원인이 바로 소금이에요.

바닷물이 햇볕과 바람에 의해 증발하면 염도가 점점 높아져요. 물은 햇볕과 바람에 증발하지만 녹아 있는 소금의 양은 그대로거든요. 이렇게 농도가 높아지면 그 바닷물은 가라앉아요. 마치 무거운 것이 가라앉듯 말이죠. 대신 남쪽에서 올라온 따뜻한 바닷물이 그 공간을 채우게 돼요. 이런 현상은 마치 공항의 수화물 벨트컨베이어처럼 끊임없이 순환하고 반복되어요.

해류는 성능 좋은 지구의 온도 조절기예요. 적도의 따뜻한 바닷물이 차가운 북쪽 지방으로 이동하면서 이 해류를 타고 열도 같이 이동해요.

소금 때문에 일어난 바닷물의 순환으로 추운 지방의 온도가 올라가면서 빙하가 조금씩 녹았던 거랍니다. 이것은 인류사에 매우 중요한 전환점이 됩니다. 만일 바닷물 속에 소금이 없었다면 빙하기는 훨씬 더 오래 지속되었을 것이며 인류는 계속해서 순록과 이끼만 먹으며 살아야 했을 테니까요.

날씨가 따뜻해지자 하늘에서 큰 비가 내리기 시작해요.

빙하기가 지나고 인류 최초의 농경이 시작되는 데에는 소금의 공이 컸다.

내린 비는 대륙 이곳저곳에 큰 강물을 만들었어요. 비가 그치자 다양한 식물들이 기다렸다는 듯 강기슭에서 자라났어요. 이제 인류는 사냥하는 시간을 줄이고 산과 숲에서 내려와 강가에 옹기종기 모여 집을 짓고 식물의 씨앗을 땅에 심기 시작했어요.

바로 인류 최초의 농경이 시작된 거예요. 그런데 처음에는 많은 실패를 겪었어요. 순록 사냥만 했지 농사는 지어 본 적이 없었으니까요. 사람들은 강변에 헤아릴 수 없이 많이 피어난 식물들 가운데 먹을 수 있는 식물을 찾기 위해 이것저것 심어 보고, 또 따서 먹어도 봤어요.

"쩝쩝, 오! 이건 먹을 수 있겠는데!"
"켁켁, 도…… 독버섯이다……."

실패는 성공의 어머니라는 말이 있듯이 많은 시행착오 끝에 인류는 먹을 수 있는 씨앗들을 찾아냈어요. 밭을 일구고 땅에 밀과 포도, 올리브 등을 심었지요.

점점 수확량이 늘어나자 마을은 더 커지고 인구도 늘어났어요. 이런 현상은 북반구의 큰 강들 주변에서 비슷한 시기에 동시에 일어났어요.

이 사람들을 지금 우리는 신석기인이라 불러요. 그리고 그 사람들이 강가에 만든 집단 사회를 '인류 최초의 4대 문명'이라고 부르지요.

소금이 부족해!

이제, 인류는 4대 문명을 시작으로 본격적으로 정착 생활을 시작했어요. 날씨는 고맙게도 따뜻했고 덩달아 먹을 것도 풍부해졌어요. 그런데 그럴수록 인류는 뭔가 허전함을 느꼈어요. 무엇 때문일까요?

"저기, 좀 이상하지 않아?"
"나도 그래. 어쩐지 자꾸 짠 게 먹고 싶어."

왠지 모를 허전함은 바로 소금의 부족 때문이었어요. 농사를 지으면서 식생활이 달라졌거든요. 예전에 사냥한 고기를 먹을 때에는 허전함을 몰랐는데 채소와 곡물만으로는 소금을 충분히 섭취할 수가 없었던 거예요. 야생 동물들은 뛰어난 후각과 본능으로 어디에 가면 소금이 있는지 잘 알고 있어요. 예를 들면, 사슴은 소금이 부족해지면 자기 소변을 핥아 먹어요. 소변에는 소금기가 들어 있거든요. 원숭이는 소금이 부족하면 서로의 털에 묻어 있는 비듬을 먹곤 해요. 아프리카 코끼리들은 스스로 소금 바위를 찾아가 우적우적 깨서

씹어 먹는다고 하고요. 하지만 동물만큼 귀와 코가 밝지 못한 인간은 그럴 수 없었어요. 인류는 고민을 하기 시작해요.

"좋은 생각이 있어. 저놈들을 잡아 기르면 어떨까?"
"맞아. 다 자라면 잡아먹으면 되고."

그래서 늑대를 잡아 길들여 개로 만들고, 야생 멧돼지를 집돼지로, 야생마를 말로, 산양을 길들여 양으로 키우기 시작했어요. 인류가 본격적으로 가축을 기른 것도 이때부터였어요.

그런데 가축을 길러 잡아먹으면 소금 부족을 해결할 수 있다는 아이디어는 좋아 보였지만 결국 실패였어요. 실패 정도가 아니라 더욱 심각한 소금 부족 현상을 가져오고 말았지요. 왜냐고요? 간단해요. 가축들도 소금을 먹어야 했거든요. 인간이 먹을 소금도 부

족한데 말이죠. 혹 떼려다가 혹이 하나 더 붙은 셈이 되었어요.

　대체 그럼, 동물들은 얼마나 소금을 많이 먹을까요? 보통 덩치가 클수록 소금을 많이 먹어요. 젖소는 하루에 최소한 80그램 이상의 소금을 먹어야 해요. 한 번 젖을 짤 때마다 1리터당 2그램의 소금이 빠져나가기 때문이에요. 말은 하루에 약 40그램의 소금을, 염소는 약 20그램 정도, 하마는 덩치에 어울리게 무려 500그램의 소금을 먹어 치우지요. 커피 80잔 만큼의 어마어마한 양이에요. 큰 동물들은 한마디로 소금 귀신들이에요.

　자신과 가축이 먹어야 할 소금까지 찾아야 하는 이중 부담이 생긴 인류는 소금을 찾아 지구를 뒤지기 시작했어요. 보물찾기 하듯 말이죠. 인간의 보물찾기, 아니 소금 찾기는 그때부터 시작되었어요.

어쩌지?
가축이 늘면서 소금이 더 부족해졌어.

최초로 소금을 사용한 이집트 인

영국 런던의 대영 박물관에 가면 이집트 관이 있어요. 영국인들이 한때 식민지였던 이집트에서 약탈해 온 수많은 유물을 자랑스럽게 전시해 놓은 공간이지요.

5천 년 전에 죽은 이집트 미라도 그곳에 있어요. 그런데 놀랍게도 미라의 붉은 머리카락이 아직도 남아 있어요. 긴 세월 동안 썩지 않고 보존될 수 있는 비결은 무엇일까요? 바로 미라에 듬뿍 뿌려진 소금이에요.

기원전 3천 년 전의 고대 이집트 인들은 죽음에 대해 독특한 철학을 가지고 있었어요. 고대 이집트 인들은 사람이 죽으면 사후 세계로 이동해 그곳에서 새롭게 다시 태어난다고 믿었어요. 피라미드는 왕이 새롭게 태어나 지낼 곳으로 만들어진 무덤이에요. 이렇게 죽은 사람이 사후 세계에 다시 태어나려면 시신을 잘 보존해야 한다고 생각했지요.

하지만 이집트의 날씨는 지구에서도 매우 더운 곳이에요. 시신을 보존하기는커녕 땅에 묻으면 금방 썩어 버리고 말았어요. 고대 이집트 인들은 매우 속상했어요.

"아아, 좋은 방법이 없을까? 어떻게 묻어야 시신이 안 썩지?"
"저기…… 누가 그러던데, 모래에 깊이 묻으면 잘 안 썩는데."
"풋, 말도 안 돼."

그러나 사실이었어요. 설마 하고 나일 강 주변의 모래에 시신을 묻었더니 정말로 부패하지 않았어요. 영리한 이집트 인들은 그 모래에 주목하기 시작했어요. 그리고 놀라운 사실을 알아냈지요. 시신이 부패하지 않는 이유는 다름 아닌 모래 속에 섞인 소금 성분 때문이라는 것을요.

소금을 뜻하는 염화나트륨(NaCl)의 '나트륨'이란 단어의 어원인 나트룬(Natrun)도 '소금이 나는 마른 강바닥'이란 뜻이에요.

이집트의 나일 강은 세계에서 가장 긴 강이지만 강폭은 좁아요. 그 때문에 비가 많이 오면 쉽게 범람하고 가뭄 때는 빨리 말라요. 바닷물만큼은 아니지만 강물에도 소금은 녹아 있어요. 가뭄이 오래되면 강물은 마르고 소금만 남아 모래에 섞이게 된답니다. 이집트 인들이 발견한 소금이 바로 이것이었어요.

그런데 시체에 소금을 뿌리면 왜 오랫동안 보존이 될까요? 시체가 썩는 것은 미생물과 박테리아가 활발히 활동하기 때문이에요. 시체는 영양이 풍부하기 때문에 미생물들이 아주 좋아라 달려들어요. 마치 죽은 생선을 밖에 놓아 두면 금방 파리가 모여들고 구더기가 생기는 것

처럼요. 그런데 시체에 소금을 뿌리면 미생물들은 꼼짝을 못해요. 소금이 시체의 수분을 흡수하기 때문이지요.

우리 몸에 수분은 항상 70퍼센트 정도 유지되어야 해요. 이런 이유 때문에 사람이 물을 마셔야 살 수 있듯 미생물도 수분이 있어야만 생존할 수 있어요.

이집트 인들은 이 점에 주목하고 피라미드를 만들었어요. 나일강 서쪽 강가에서 시체의 내장을 제거하고 소금*으로 채워 미라를 만들어 피라미드로 옮겨 와 눕혔어요. 마지막으로 소금에 절인 음식을 미라 옆에 일부러 남겨 두기도 했지요. 영혼이 사후 세계로 가는 동안 배고프지 않게 도시락으로 먹으라는 뜻이었어요.

이집트 인들은 기록 상에 남아 있는, 소금을 사용한 최초의 민족이었어요.

미라에 쓴 소금

고대 이집트 인들이 미라를 만들 때 사용한 소금은 나트론과 염화나트륨 두 가지였다. 부자에게는 염소 원소가 없는 나트론(나트륨)을, 가난한 사람의 미라에는 염화나트륨을 사용했다. 나트론을 더 귀한 소금으로 여겼기 때문이다.

소금, 사막을 건너다

이집트 인들의 또 다른 고민은 음식을 어떻게 하면 좀 더 오래 저장할 수 있을까 하는 것이었어요. 나일 강에서 잡은 생선이나, 수확한 밀이 이집트의 날씨가 너무 더워 금방 상해 버렸거든요. 그러니 장거리 여행도 마음 놓고 갈 수 없었어요. 통조림과 냉장고가 발명되기 5천 년 전이었으니까요.

그렇게 고민하던 이집트 인들은 최초로 빵에 소금을 발라 먹기 시작했어요. 이스트라고 알고 있나요? 빵집에서 빵을 구울 때 반드시 넣는 효모예요. 이스트를 넣은 빵은 바삭바삭하고 맛있게 부풀어 오르지요. 이스트로 맨 처음 빵을 만든 사람도 2천 년 전의 이집트 인들이에요. 이스트 역시 소금으로 만들어지거든요. 고대 이집트의 조각품과 그림을 보면 밀가루를 반죽하여 빵을 굽는 모습이 나와요.

빵에 이어 야채와 생선도 소금에 절였어요. 소금에 절인 채소는 매우 맛이 좋았어요. 이집트 인들은 '절인 채소보다 더 맛있는 음식은 없다'고 생각할 정도였지요. 오늘날 우리가 신선한 야채에 갖가지 드레싱을 해서 즐겨 먹는 샐러드도 원래 '소금에 절이다'라는 뜻에서 나온 말이에요.

　소금 덕분에 이집트 인들은 배가 고플 때마다 음식을 꺼내 먹을 수 있었고, 사막을 건너 긴 여행을 할 때에도 도시락처럼 들고 갈 수 있게 되었어요.

　또 이집트 인들은 소금을 이용해 소스도 개발했어요. 소금물에 식초를 섞은 옥살람이라는 것인데, 훗날 로마 인들도 그것을 즐겨 먹었다고 해요.

　이렇게 소금에 절인 음식을 염장 식품이라고 해요. 특히 이집트의 염장 생선은 인기가 대단히 높아 유럽과 중동 지역에까지 수출이 되었어요.

　이집트 인들이 수출한 것은 염장 식품만이 아니었어요. 사막을 건너 소금이 귀한 서부 아프리카에 직접 소금을 팔기도 했어요. 이때 등장한 동물이 바로 낙타예요.

　원래는 낙타가 아닌 황소와 말을 이용해 소금을 날랐는데, 둘 다 뜨거운 날씨와 사막을 견디는데 적합한 동물이 아니었어요.

"이것 봐, 또 소가 헉헉대네."
"우리 말들도 힘들어 죽을 지경이야."

　사람들이 주목한 것은 사막을 왔다 갔다 하는, 등에 뾰족한 혹이 달린 네 발 동물, 바로 낙타였어요. 낙타는 원래 야생 동물이었는데 인간이 짐을 운반하기 위해 잡아서 길들인 동물이지요. 낙타는 더위에

강할 뿐 아니라 힘도 천하장사였어요. 한 번에 200킬로그램의 소금 덩어리를 지고 한 달 동안 800킬로미터를 걸어갈 정도였으니까요.

소금 장수들은 낙타에 소금을 싣고 험한 사막을 건너거나 배를 타고 거친 바다를 건넜어요. 때로는 사막에서 강도를 만나거나, 바다에서 해적을 만나 아까운 소금을 뺏기기도 했지요.

소금 장수들은 자신들이 지나온 빠르고 안전한 길을 기억해 두었어요. 길은 점점 많아졌어요. 소금 장수들이 발견한 길은 훗날 국가 간의 중요한 무역로가 되었답니다.

한편, 낙타에 실려 무사히 시장에 도착한 소금은 매우 비싼 값에 거래가 되었어요. 같은 무게의 황금과 교환되기도 했고, 사람 발크기 만한 소금 판 하나면 노예를 살 수도 있었어요.

모든 거래가 끝나면 이집트 소금 장수들은 그야말로 바람처럼 사라졌어요. 왜냐하면 혹시 다른 사람들이 소금을 어디서 가져왔는지 알까 봐 두려웠기 때문이에요. 소금은 엄청나게 돈이 되는 장사였으니까요.

이집트 인들이 수출했던 염장 식품과 소금은 인류 최초의 국제 무역 제품이었어요.

지중해 문화를 꽃피운 소금

나일 강의 이집트 인들이 소금과 절인 생선을 팔아 떼돈을 벌고 있던 기원전 9세기경, 아름다운 지중해에 배를 탄 사람들이 나타났어요. 중동의 레바논 지역에 살았던 페니키아 인들이에요. 중동인들이 왜 지중해까지 나타났을까요?

여기에는 지구의 비밀이 숨겨져 있어요.

아주 오래전, 지구는 하나의 대륙으로 붙어 있었어요. 학자들은 그 시기를 판게아라고 불러요. 시간이 엄청나게 많이 흐르면서 대륙은 피자 조각처럼 떨어져 나갔어요. 이것이 오늘날 우리가 살고 있는 5대륙이에요.

하지만 실제로 대륙이 이동했던 속도는 너무너무 느려서 공룡들조차 체감할 수 없었을 거예요. 과학자들은 손톱이 자라는 속도랑 비슷했을 거라고 추측하고 있답니다.

어쨌든 그 후로 오랜 시간이 흐르고 난 뒤 지각은 서로 부딪혀 새로운 산이 생기고 골짜기가 생기는 등 지형이 자꾸 달라졌어요. 두 대륙이 정면으로 충돌을 해서 엄청난 압력에 지각 판이 짓눌리면서 땅이 솟아 올라 큰 산들이 생겨났지요. 그러자 이 땅에 살던 페니키아 인들은 높이 솟아난 산들 때문에 농사 지을 땅이 부족해졌어요. 그래서 그들은 새로운 보금자리를 찾기 위해 배를 타고 지중해까지 건너오게 되지요.

페니키아 인은 지금의 이탈리아 시칠리아 섬에 보금자리를 틀고 해상 무역을 시작했어요. 하지만 얼마 지나지 않아 그들은 시칠리아 섬에는 항구 말고도 또 다른 보물이 있다는 사실을 알아차렸어요. 다름 아닌 시칠리아 앞 바다로 엄청나게 모여드는 참치 떼였어요. 추운 대서양을 떠나 따뜻한 지중해로 모여드는 참치들을 보며 타고난 장사꾼 페니키아 인*들은 멋진 논벌이를 생각해 냈지요.

페니키아 인들이 판 물건

페니키아 인들은 짐을 많이 실을 수 있도록, 노가 거의 없고 돛의 힘으로 움직이는 폭이 넓은 배를 타고 장사를 했다. 큼직한 배에 자주색 염료와 염색 옷감, 포도주, 삼나무, 소나무 등 목재, 아마포, 채색 유기, 소금, 건어물 등 셀 수 없이 많은 물건들을 싣고 다니며 온 지중해 나라에 팔았다. 큰돈을 벌며 번성해, 고대 지중해 최고의 나라가 되었다.

"저 엄청난 참치들을 잡아 소금에 절여 팔면 우린 부자가 될 거야."
"멋진 생각이야. 저 많은 참치들을 절일 소금만 우리에게 있다면!"

그때까지만 해도 이집트 인들이 모래에서 발견한 방식을 사용해 소금을 얻고 있었어요. 그러나 지중해의 시칠리아 섬에는 이집트처럼 소금기 섞인 모래가 많지 않았어요. 소금을 찾으려고 끙끙대던 페니키아 인은 곧 멀리서 소금을 찾을 필요가 없다는 사실을 알아차렸어요. 지중해의 바닷물이 소금물이라는 사실을 깨달은 거예요. 문제는 방법이었어요. 바닷물에 소금이 있다는 것은 알았지만 어떻게 소금을 분리해야 하는지는 몰랐으니까요.

"알아냈어! 봐, 바닷물이 증발해도 소금은 증발하지 않아!"
"좋았어, 해변에 소금밭을 만들자!"

페니키아 인들이 해변에 만든 소금밭이 바로 염전이에요. 대규모의 염전을 짓고 많은 소금을 확보한 페니키아 인들은 소원대로 참치를 소금에 절여 유럽에 수출해 엄청나게 많은 돈을 벌어들였어요.

이렇게 소금을 이용해 지중해 문명을 만든 최초의 민족이 바로 페니키아 인들이었답니다. 그러나 행복한 시절은 그리 오래 가지 않았어요. 페니키아의 번영과 그들의 소금에 질투와 시기를 한 민족들이 자꾸 시비를 걸어왔거든요. 그것은 결국 전쟁으로 이어지게 됩니다. 말 그대로 소금 전쟁이지요.

수천 년 동안 계속된 전쟁으로 결국 페니키아 인들은 멸망하고 말아요. 하지만 그 후에도 그리스와 로마, 여기에 아랍 민족까지 끼어들어 지중해의 소금을 차지하기 위한 전쟁은 좀처럼 끝날 줄 몰랐답니다.

햄을 개발한 소금 민족, 켈트 족

3천 년 전, 소금으로 힘을 키운 또 하나의 민족이 있었어요. 유럽 북방에 사는 싸움을 좋아하는 힘센 민족이었지요. 그들은 바로 켈트 족이었어요. 켈트 족*이 얼마나 무서운 존재였는지 켈트 족이 말을 타고 전쟁터로 달려갈 때마다 유럽 인들은 무서워 벌벌 떨곤 했대요.

켈트 족이 40년 간 로마를 지배하고 터키마저 침략하자 유럽 인들은 켈트 족을 무식한 야만족이라고 욕을 했어요. 하지만 그건 모르는 사람이 하는 소리예요. 켈트 족은 싸움만 잘한 게 아니었어요. **뛰어난 장사꾼이었고 섬유를 짜는 기술이 훌륭했을 뿐 아니라 소금으로 염장 고기를 만들어 먼 나라까지 정복을 나갈 정도로 영리한 민족이었어요.**

1573년 할라인의 소금 광산, 그리고 1616년에는 할슈타트에서

켈트 족은 어디까지?

독일 남동부 라인 강, 도나우 강 유역에 살았으며 기원전 6~4세기 무렵부터 갈리아(오늘날의 프랑스, 북이탈리아), 브리타니아(오늘날 영국의 브리튼 섬)에 진출했다. 기원전 4세기 초에는 이탈리아 로마를 침공하고, 기원전 3세기에는 멀리 소아시아까지 진출했다. 그러나 지금은 아일랜드 등지에 그 언어와 풍습이 조금 남아 있을 뿐이다.

각각 켈트 족 소금 광부의 시체 두 구가 발견되어요. 첫 번째 시체가 발견된 할라인은 소금을 만드는 '제염소'란 뜻이고, 두 번째 시체 발굴 지역인 할슈타트는 '소금 도시'란 뜻이에요. 둘 다 소금 광산이 있는 곳이지요.

시체를 본 사람들은 깜짝 놀랐어요. 2천 년 전의 것이라고는 믿기 힘들 만큼 보존이 잘 되어 입고 있던 직물의 선명한 붉은색까지 그대로 볼 수 있었으니까요. 시체가 발견된 곳이 소금 광산이어

너만 입 있냐? 결투하자! 이기면 내 거다!

비켜, 이 돼지 다리는 내 거야!

서 시체와 옷이 소금에 절여져 잘 보존되었던 거예요. 이집트의 미라들처럼 말이죠. 발견자들이 감동할 만큼 섬유를 짠 기술과 그 색이 뛰어났다고 하니, 켈트 족의 기술 수준을 짐작할 수 있겠지요?

또 켈트 족은 고기를 무척 좋아했어요. 특히 소금에 절인 고기는 켈트족의 특산품이었지요. 그 중에서도 그들이 제일 사랑한 것은 소금에 절인 돼지 다리였는데, 그것을 두고 서로 다투기도 했다나요.

이것이 바로 오늘날 우리가 즐겨 먹는 '햄' 이에요. 훗날 로마인들은 켈트 족의 햄 조리법을 응용해 돼지고기와 다른 고기를 소금에 절이고 양념하여 내장에 넣는 음식을 개발했는데, 그것이 소시지랍니다.

할슈타트 소금 광산에서 소금에 절여진 채
발견된 미라는 소금의 위력을 다시금 알게 했다.

소금을 화폐로 쓰다

지금까지 소금으로 유명한 민족 셋을 알아보았어요. 최초로 소금 무역을 한 이집트, 참치에 소금을 절여 지중해 문화를 꽃피운 페니키아, 햄을 개발한 북부 유럽의 소금 민족 켈트 족.

그러나 이 세 민족은 공교롭게도 하나의 나라에 의해 차례차례 점령당했어요. 그들의 제염소와 소금 광산도 모두 그 나라의 차지가 되고 말았지요. 영화 벤허의 마차 경주와 콜로세움으로 유명한 로마 제국이랍니다.

로마는 단숨에 유럽 제1의 정복 국가이자 위대한 소금 제국이 되었어요. 영토가 점점 넓어지자 로마는 길을 닦기 시작했는데, 완성된 그 길 위로 많은 양의 소금이 운반되었어요. '모든 길은 로마로 통한다' 라는 유명한 말도 그때 나온 거랍니다. 로마가

살라리아 가도

로마 같은 고대 이탈리아 도시들은 제염소 근처에 세워졌다. 그만큼 소금이 중요했는데, 당시 로마는 테베레 북쪽 강변을 따라 지어진 에트루리아 인들의 제염소에서 소금을 사다 썼다. 그러다 직접 소금을 만들어야겠다고 생각하고 강 건너편에 제염소를 직접 세웠다. 그 소금을 로마 내륙으로 나르기 위해 생긴 길이 바로 살라리아 가도이다.

만든 최초의 도로 이름은 살라리아 가도*인데, 해석하면 '소금을 운반하는 길'이란 뜻이에요.

영토가 넓어지면서 국경을 지키는 병사도 그만큼 더 뽑아야 했어요. 병사 숫자가 너무 많아져 모든 급료를 돈으로 줄 수 없는 적도 있었어요. 그럴 때는 소금으로 주었답니다.

"2중대원들 모여라. 이번 달 월급은 소금이다."
"헤헤, 그럼 좀 많이 담아 주세요."

영어로 월급, 혹은 급료라는 뜻의 '샐러리'란 말도 이때 나왔어요. 또 영어로 군인을 '솔저'라고 부르는 것은 소금을 급료로 받은 병사에서 유래했고요. 소금은 이미 화폐로서 역할도 하고 있었던 거예요.

소금이 화폐로 쓰인 경우

역사적으로 소금을 화폐처럼 사용한 경우는 많다. 에티오피아만 해도 19세기 말까지 암염을 깎아 만든 소금 막대를 화폐로 썼다. 멕시코와 과테말라의 국경선 근처 열대 우림의 한 부족은 야자나무를 태워 소금을 만들고 그 소금을 화폐처럼 썼다고 한다. 요즘에도 사회가 불안한 곳에서는 소금이 화폐처럼 쓰이기도 한다.

Chapter 5
역사를 바꾼 소금

소금은 인류 역사를 변화시킨

중요한 양념이다.

세계 전쟁사를 바꾼 중국 소금

율리우스 카이사르가 소금 제국 로마를 호령하던 기원전 68년, 중국의 쓰촨 성과 산시 성 주민들은 괴상한 소문과 괴담으로 벌벌 떨고

중국인들은 소금 우물에서 불에 잘 타는 물질이 나온다는 걸 알게 되었고 그 물질을 뽑아 소금물을 끓이는 데 썼다. 바로 최초의 천연가스 사용이었다.

있었어요. 그 소문은 소금이 나오는 우물에서 흘러나온 것이었어요.

"들었어? 소금 우물을 파던 주씨가 어젯밤 기어이 죽었다는구먼."
"에구구, 겁나 죽겠어. 우물 파던 사람들이 이유 없이 아프고 다치니."
"우물에서 불덩이도 나왔대. 사악한 귀신이 아닐까? 에그, 무서워."

우물을 파던 인부들이 이유 없이 병에 걸렸고 죽는 사람까지 나타났어요. 심지어 원인 모를 폭발로 인부들이 죽기도 했어요. 사람들은

허참, 소금 우물에서 저런 불상사가!

두려움에 떨며 사악한 귀신이 지하 세계에서 우물을 통해 빠져나온 것이라고 생각했어요. 그래서 관리들은 1년에 한 번 우물에 제사를 지내기도 했답니다.

그 후 130년이 흐르고 나서야 중국인들은 불꽃의 원인이 사악한 영혼이 아니라 불에 잘 타는 어떤 물질이라는 것을 알아냈어요. 그리고 진흙과 소금물로 단단히 밀봉한 대나무 관을 우물에 연결하여 그 물질을 뽑아 태워서 소금을 얻는데 사용했지요. 이것이 바로 세계 최초의 천연가스 사용이었어요.

중국은 천연가스를 세계 최초로 사용했을 뿐 아니라 세계 최초로 화약을 발명하기도 했어요. 12세기까지 유럽 인들은 활과 화살로 전쟁을 했지만, 중국인들은 벌써부터 화약*을 사용해 전쟁을 하고 있었어요. 그 화약의 재료가 바로 소금이에요. 중국인들은 소금 성분을 가진 초석에서 추출한 질산나트륨에 유황과 탄소를 섞어서, 불을 붙이면 폭발하는 화약을 만들었어요. 소금에서 탄생한 화약은 곧바로 유럽으로 건너가 세계 전쟁사의 개념을 바꾸게 되지요.

중국 눈, 화약

중국인이 발명한 화약은 중동을 거쳐 유럽까지 전해졌다. 특히 중동 사람들은 화약의 원료인 초석이 하얀 빛깔이어서 화약을 '중국 눈', 또는 '중국 소금'이라고 불렀다. 이후 화약은 유럽으로 전해져 전쟁에 사용되기도 했지만, 길을 내거나 건물을 세우는 등 건설에도 쓰여 유럽의 산업 혁명을 앞당기는 계기를 마련했다.

소금 전매제, 혁명을 부르다

소금이 비싸고 귀했던 시절, 사람들은 저마다 소금을 독차지하고 싶어했어요. 그건 왕들도 마찬가지였어요. 절대적인 권력을 가지고 있던 고대의 왕들은 틈만 나면 보물 같은 소금을 다 차지할 방법을 궁리했어요. 소금을 움켜쥘 수만 있다면 나라를 다스리는 것은 쉽다고 생각한 거죠.

그래서 등장한 것이 소금의 전매제예요. 전매제가 뭐냐고요? 물건을 만들어 내는 것에서부터 파는 것까지 오로지 국가만이 할 수 있게 만든 제도예요.* 쉽게 말하면 소금 전매제란 "소금의 주인은 왕(국가)이니 백성 너네들은 신경 꺼라!" 이런 뜻이랍니다. 전매제 때문에 백성들은 국가의 허락 없이는 소금을 생산할 수도 없고, 팔 수도 없었어요. 국가가 만든 소금을, 국가가 원하는 가격에 살 수밖에

> **오늘날의 전매품**
>
> 오늘날에도 전매품이 있다. 담배와 인삼이 대표적인 국가의 전매품이다. 우리나라 담배를 만드는 회사의 이름은 케이티엔지이지만, 2002년 이전까지만 해도 한국담배인삼공사로 불렸으며 몇십 년 전에는 전매청으로 불렸다.

없었지요. 그 가격이 말도 안되게 비싸도 말이에요. 백성이 소금으로 가난해질수록, 국가는 부자가 되었어요.

하지만 전매제만으로 만족할 수 없었던 어떤 왕들은 염세까지 만들어 냈어요. 염세란 소금에 붙이는 세금을 말해요. 하지만 옛날이나 지금이나 세금을 좋아하는 사람은 없어요. 왕도 국민이 싫어하는 것을 알았지만 포기할 수 없었어요. 염세로 벌어들이는 수입이 어마어마했거든요.

세계에서 최초로 소금의 전매제를 실시한 국가는 중국이에요. 기원전 221년, 38세의 나이로 중국을 통일한 젊은 왕 시황제가 철과 소금의 전매제를 실시해요. 역사상 최초의 소금 전매제였어요. 소금은 백성들에게 팔면 큰돈이 되기 때문이었고, 철은 칼이나 창 같은 무기를 만드는 재료이기 때문이었어요. 혹시 백성들이 철을 녹여다가 무기를 만들어 반란을 일으킬까 봐 두려웠던 거죠.

반란 말고도 시황제가 두려워한 것은 북방 민족이었어요. 우리가 흔히 오랑캐라 부르는 초원의 유목 민족들이죠. 시황제는 비록 통일 제국의 군주였지만 북방 민족들까지 통일한 것은 아니었어요. 특히 북방의 흉노족을 가장 무서워했어요. 그래서 생각해 낸 것이 담처럼 생긴 길다란 성을 쌓는 것이었어요. "여긴 우리 땅, 너희 넘어 오지 마!" 이런 뜻이었지요. 이 성이 달에서도 보였다고 말하는 만리장성이에요.

이 만리장성을 짓는 데 든 막대한 건설 비용은 소금의 전매제로 벌어들였고, 노동력은 비싼 돈을 주고 소금을 사 먹어야 했던 백성들에게서 나왔어요.

프랑스도 중국과 비슷했어요. 프랑스 왕들은 왕가의 경제력을 유지하기 위해 소금을 포기할 수 없었어요. 1341년, 프랑스의 필립 4세는 최초로 소금에 세금을 매겼어요. 그것도 모자랐는지 이상한 법을 또 하나 만들었지요.

"오늘부터 무조건 매년 7킬로그램의 소금을 이 가격에 사야 한다."
"그건……. 시세보다 열 배나 비싸잖아요? 7킬로그램은 또 뭔가요? 우리보고 만날 소금만 먹으라는 뜻인가요?"
"싫으면 감옥에나 가든지."

소금을 매년 7킬로그램을 사야 한다는 말도 안 되는 법을 어긴 사람에게는 가혹한 처벌이 기다리고 있었어요. 매년 이 법을 어겼다는 이유로 3만 명 이상이 감옥에 가고 500명 이상이 처형되었다고 해요.*

염세로 인한 프랑스 국민의 고통은 점점 커져만 갔어요. 뿐만 아니라 염세 때문에 소금 값이 무려 20배나 오르기까지 했어요. 하지만 프랑스 국민들은 중국의 진나라 백성들처럼 그저 참고만 있

죽어서도 재판은 꼭 받아야 해

소금 법을 어겨 감옥에 갇혔다가 죽거나 자살한 죄수라도 소금에 절인 후에야 재판을 받고 묘지에 묻힐 수 있었다. 이 때문에 웃지 못할 일도 일어났다. 한 죄수가 감옥에서 죽었는데 법대로 소금에 절여졌지만 관리들의 실수로 다들 깜박하고 묻질 않았다. 젓갈처럼 잘 절여진 이 죄수의 시체는 7년이 지난 후 부글부글 발효된 상태로 발견되었는데, 다행히 재판 없이 묻어 주었다고 한다.

지 않았어요. 더 이상 참을 수 없었던 프랑스 국민들은 거리로 나와 외쳤어요.

"빵이 아니면, 자유를 달라!"
"국민이 봉이냐? 염세를 없애라!"
"염세를 없애지 않으면 왕부터 없애 버리겠다!"

하지만 프랑스 왕실은 염세를 포기할 마음이 절대 없었어요. 염세 제도는 프랑스 국가 재정 수입에서 두 번째를 차지하고 있었으니까요.

분노가 하늘까지 치민 백성들은 의회를 수립하고 왕궁으로 몰려갔어요. 백성들이 왕궁을 포위했어도 국왕 루이 16세는 염세를 폐지할 생각이 눈꼽만큼도 들지 않았어요. 결국 빵을 달라는 백성들에게 '빵이 없으면 케이크를 드세요.'라고 말했던 철 없는 왕비 마리 앙투아네트와 함께 죽임을 당해요. 이것이 그 유명한 프랑스 대혁명이지요.

혁명의 성공으로 염세는 잠깐 폐지되

었지만, 나폴레옹이 황제에 오르면서 다시 부활되었답니다. 전쟁을 좋아했던 나폴레옹으로서는 막대한 전쟁 자금을 확보하기 위해 염세를 부활시킬 수밖에 없었던 거예요.

말도 많고 탈도 많은 염세는 2차 세계 대전이 끝난 다음 해인 1946년에야 완전히 없어지게 돼요.

소금에 절인 대구와 신대륙 발견

7세기, 영국의 주부들은 저녁 반찬으로 고기를 요리하기 전에 달력부터 살펴야 했어요.

"엄마, 나 양고기 구이 먹고 싶어."
"얘야, 미안하구나. 다음 주에 해 줄게. 오늘은 금요일이네."
"금요일에 고기를 먹으면 안 되는 거야?"
"그래, 엄마는 아직 죽기 싫구나."

중세 유럽은 엄격한 가톨릭 사회였어요. 국민들에게는 법보다 더 무서운 것이 교회의 교리였지요. 교회는 종교적인 날은 신성하다고 하여 국민들에게 고기를 먹을 수 없도록 했어요.

예수가 십자가에 매달렸던 금요일과 십자가에서 죽은 예수가 부활하기 전인 40일 동안은 하루에 한 끼만 먹을 수 있었어요. 물론 그 한 끼에 고기 반찬이 있으면 안 됐고요.

심지어 영국은 금요일에 육식을 한 사람은 교수형을 시킬 정도였어요. 이런 식으로 일 년에 고기를 먹을 수 없는 날을 계산해 보면 얼마나 될까요? 놀라지 마세요. 일 년의 절반 가량이나 되었답니다.

다행스럽게도 생선만은 예외였어요. 그러니까 교회가 먹지 말라고 했던 고기란 양, 소, 돼지, 닭 같은 육류였지요. 그래서 유럽 인들이 부족한 단백질을 보충하기 위해 군침을 흘린 것이 고래였어요. 무늬는 물고기지만 사실은 지느러미 달린 포유류인 고래는 단백질뿐만 아니라 지방까지 풍부했거든요.

하지만 고래를 잡는 일은 대단히 위험한 일이었어요. 고래는 멀고 추운 북쪽 바다에 살고 있는 동물이었으니까요. 사람들은 고래잡이를 위해서 먼 곳까지 나갈 수 있는 큰 배를 어렵게 마련했어요. 고래잡이가 아무리 위험하다 해도 사람들은 포기하지 않았지요.

선원들은 북쪽으로 배를 저어 갔어요. 날씨는 점점 추워지고 선원들은 서서히 지쳐갔지요.

875년 유럽의 선원들이 겨우겨우 추운 북해에 도착했을 무렵, 선원들은 고래가 아닌 다른 거대한 물고기 떼를 발견했어요. 그것은 명태의 사촌뻘인 생선, 대구였어요.

몇 달 후 배가 항구로 돌아왔을 때, 배에 가득 실린 것은 굶주린 사람들이 기다리던 고래가 아닌 산더미 같은 대구였어요.

하지만 이 대구의 발견이야말로 유럽 인의 고질적인 단백질 결핍을 해결해 주었을 뿐만 아니라 두둑한 돈까지 안겨 주었어요. 대구를 소금에 절여 수출해서 엄청나게 돈을 벌었거든요. **소금에 절인 염장 대구는 그만큼 많은 유럽 인들의 사랑을 받았어요.** 군인들의 전

투 식량으로 절인 대구가 처음 등장한 것도 이때였어요. 소금에 절인 대구로 군인들은 먼 곳까지 원정 나가기가 쉬워졌어요.

옛날에는 이름도 몰랐던 항구들도 대구잡이 어선이 들어오면서 단숨에 국제적인 항구로 변했어요.

대구가 이토록 큰 인기를 얻을 수 있었던 것은 대구가 담백한 맛을 가진 생선이기 때문이에요. 다랑어, 고등어 같은 등 푸른 생선에 비해 살에 기름기가 거의 없어 소금으로 저장하기가 훨씬 쉬웠어요.

하지만 문제는 여전히 남아 있었어요. 갑작스럽게 대구가 늘어나자 절일 소금이 턱없이 부족해졌던 거예요.

유럽 인들은 곰곰이 생각했어요.

"이 소금으로는 어림도 없겠는걸."
"그럼 염전을 더 많이 만들자."

대구 덕분에 대서양 연안에 갑작스런 염전 붐이 일기 시작했어요. 그렇게 해서 소금 생산이 늘어나자 유럽의 가난한 사람들도 절인 대구를 맛볼 수 있게 되었어요. 소금이 서민들의 단백질 보충을 도와준 거예요. 하지만 염장 대구의 영향으로 유럽 인의 소금 섭취량이 하루 평균 40그램에서 70그램으로 껑충 뛰는 부작용도 있었지요.

소금 걱정을 잊은 선원들은 먼 바다로 나아가 더 많은 대구를 잡고 싶어 했어요. 먼 바다에서 잡은 물고기를 소금에 절이기만 하면 한 달이 걸리든, 두 달이 걸리든 유럽에 돌아와서 유럽 사람들에게 맛있는 염장 대구를 팔 수 있었으니까요. 그러기 위해서는 긴 항해에도 견딜 수 있는 크고 튼튼한 배가 더 많이 필요했어요. 유럽 인들은 연구를 거듭하여 배를 만드는 기술을 크게 발전시켰지요. 이렇게 배를 만드는 조선술이 발달하자 신대륙을 발견할 수 있었고, 그 유명한 대항해 시대가 열리게 된 거예요.

신대륙을 발견하면서 유럽 인들은 이제 새로운 대구 어장을 신대륙 쪽에서 찾을 수도 있겠다는 희망을 갖게 되었어요.

아니나 다를까 1492년, 콜럼버스가 신대륙을 발견한 5년 후인 1497년에 영국인 어부 존 캐빗이 신대륙 부근 북대서양의 섬에서 엄

유럽 인들은 대구 어장을 찾아 나섰다가 신대륙을 발견한다.

청난 대구 떼를 발견해요. 그 섬에 얼마나 대구가 많았냐고요?

"배의 속도를 줄여! 대구들 때문에 배가 못 나간다."
"어휴, 여기는 물 반 대구 반이네."

이 정도였어요. 그리고 그 섬의 이름을 뉴펀들랜드라고 지어 주었어요. 지금의 캐나다 동남부에 있는 섬인데, '새롭게 발견된 땅'이란 뜻이지요.

황금 대구 어장을 발견한 캐빗은 잔뜩 흥분해서 영국으로 돌아왔어요. 1년 후 캐빗은 참지 못하고 뉴펀들랜드를 향해 다시 떠나지만 실종되고 말았어요.

뉴펀들랜드에 엄청난 대구 어장이 발견되었다는 소식에 프랑스 왕도 참을 수 없었어요. 왕은 자크 카르티에라는 사람을 뉴펀들랜드로 보냈어요. 뉴펀들랜드로 항해하던 카르티에는 우연히 한 대륙에 도착해 인디언을 만나게 되었어요. 카르티에가 인디언에게 물었어요.

"여기는 뭐라고 부르는 곳입니까?"
"뭐긴요? 우리 마을이지요."
"으음……."

답답해진 카르티에는 자기 이름을 따서 그 대륙에 이름을 지어 주었어요. 그곳이 바로 오늘날의 캐나다예요.

소금이 만든 권력, 한자동맹

대구가 등장하기 전까지 유럽에서 가장 중요한 생선은 청어였어요. 청어는 다랑어와 더불어 오늘날에도 유럽 인들이 즐겨 먹는 생선이에요. 네덜란드 인들은 지금도 소금물에 절인 청어를 통째로 씹어 먹는데 이것을 더치하링이라고 불러요.

하지만 담백한 대구와 달리 청어는 지방이 풍부해서 소금에 절이기가 쉽지 않은 생선이었어요. 잡은 후 반드시 24시간 이내에 소금에 절이지 않으면 금방 상하고 말았지요.

문제는 소금이었어요. 청어를 즐겨 먹는 북유럽은 날씨가 추워 염전이 거의 없어요. 그러니 따뜻한 지중해 지방에 비해 소금이 턱없이 부족했지요.

그래서 새로운 청어 요리법을 생각하기 시작했어요. 청어를 연기에 굽는 훈제도 해 보았지만 훈제를 하려고 해도 역시 소금이 필요했어요. 소금이 너무 귀해 양심 없는 상인들은 소금에 재를 섞어 팔기도 하고 썩은 청어를 진짜라고 속여 팔기도 했어요. 불량 청어가 점점 늘어나자 유럽 인들은 화도 나고 걱정도 되었어요.

그래서 독일 북부 상인들이 1250년에 똘똘 뭉쳐 단체를 하나 만들었어요. '소금 부족을 해소하고 깨끗한 청어 무역을 하자!'는 표어를 내세웠지요. 바로 한자동맹이에요.

여기서 한자란 독일어로 '동료'를 뜻하는 말이었어요. 요즘으로 치자면 아파트 상가 조합쯤 되겠네요.

한자동맹 회원들은 넉넉하고 값도 싼 남부 유럽에서 소금

을 수입해 소금이 부족한 북유럽 국가들에게 공급하기 시작했어요. 또 소금에 절인 청어 거래를 독점해 만들어 팔았어요. 그러자 불량 청어도 점점 사라졌지요.

그러나 유럽의 모든 상인들이 한자동맹을 좋아할 수는 없었어요. 힘이 세진 한자동맹 상인들이 슬슬 거만해지고 있었거든요. 그 중에서도 특히 네덜란드와 영국은 한자동맹의 횡포가 마음에 들지 않았어요. 급기야 끔찍한 사건이 일어나고 말아요.

"한자동맹의 지고하신 어르신들, 제발 살려 주세요."
"여기서 죽을래? 바다에 빠져 죽을래?"

1406년, 한자동맹의 상인들이 96명의 영국 어부들을 붙잡아 손과 발을 꽁꽁 묶은 다음에 노르웨이 서남쪽 항구 도시 베르겐 앞 바다에 던져 버리는 불상사가 일어났어요. 영국과 네덜란드는 잔뜩 화가 났지요.

하지만 한자동맹의 힘은 자연스레 약화되기 시작했어요. 한자동맹이 세력을 떨치던 발트 해에서 청어가 잘 잡히지 않게 되었거든요.

반면 북해에서 많은 청어가 나타나자 근처의 네덜란드와 영국 상인들의 기세가 등등해졌어요. 한자동맹의 힘은 더욱 약해졌지요.

그러자 이번에는 네덜란드와 영국이 북해의 청어를 두고 서로 으르렁대기 시작했어요. 1652년, 영국 해군은 네덜란드 청어 어선을 공격해 침몰시켜 버리기까지 해요. 영국과 네덜란드는 대항해 시대의 라이별로 그렇게 맞대결을 펼쳤답니다.

한때 국가보다 더 큰 세력으로 유럽을 쥐고 흔들던 한자동맹을 탄생시킨 소금의 위력 참 대단하죠?

조선의 금난전권과 한자동맹의 공통점

한자동맹의 힘이 강해진 것은 청어와 소금을 독점했기 때문이다. 청어를 소금에 절이는 기술은 오직 한자동맹 상인들만 알고 있는 극비였다. 소금과 청어의 생산은 물론, 수송까지 반드시 한자동맹 소속의 상선만 할 수 있었다. 당시 한자동맹은 30만 명의 회원에 상선만 4만 척을 보유한 거대한 상인 집단이었다. 청어와 소금을 독점하는 것은 엄청난 이익과 부를 가져다 주었기 때문에 당연히 한자동맹은 다른 상인들이 끼어드는 것을 싫어했다. 1360년에는 덴마크 상인들이 이에 반발해서 대들어 보았지만 오히려 호되게 당하기까지 했다.

한자동맹처럼 독점권을 가진 상인 집단이 다른 상인 집단을 괴롭히는 예는 무척 많다. 조선 시대 한양에서 큰 상점을 운영하던 시전 상인들이 가졌던 금난전권도 그 중 하나이다. 그들은 조선의 가장 큰 시장인 육의전에서 다른 상인들이 장사하는 것을 절대로 허용하지 않았다. 만일 말을 듣지 않으면 다른 상인의 가게를 뒤집는 등 횡포가 심했다.

소금과 미국 독립 전쟁

17세기에 신대륙 미국으로 이주한 사람들은 소금 때문에 어려움을 겪고 있었어요. 낯선 땅에서 소금을 얻기가 쉽지 않았거든요.

당시 주민들이 소금을 얻은 방법은 크게 두 가지였어요. 땅을 깊게 파서 소금 우물을 발견하거나 제염소를 지어 소금을 생산했지요. 그마저도 양이 충분하지 못했어요.

그 무렵 미국은 영국의 지배를 받고 있었어요. 영국은 인도와 미국을 비롯한 식민지 국가들을 독특한 방법으로 통치했지요. 식민지 국가는 영국의 물건을 사용해야 하며, 반대로 식민지 국가에서 생산한 물건은 반드시 영국으로만 수출해야 했어요. 소금도 마찬가지였지요. 소금 부족에 시달리던 미국은 영국으로부터 소금을 수입해서 사용했어요. 당시 미국이 수입한 소금은 영국의 체셔 지방에서 생산된 암염*이었어요.

그런데 시간이 지나면서 미국의 소금 생산량은 조금씩 늘어났어요. 미국은 이 소금을 이용해 물건을 만들어 수출까지 하게 되지요. 소금에 절인 생선과 돼지 비계를 소금에 절인 햄, 모피 등이 중요한 수출

> ### 암염 (돌소금)
>
> 세계에서 가장 많이 사용되는 소금으로 수백만 년 전, 바닷물이 증발하여 땅속에서 돌처럼 딱딱하게 굳으면서 생겼다. 암염은 석탄이나 구리처럼 땅속 깊이 묻혀 있어 캐내려면 땅을 깊이 파야 한다. 그것을 소금 광산이라고 부른다. 땅속에 깊이 묻혀 있는 것과 땅 위로 드러나 있는 것이 있는데, 땅 밑에 깊이 묻혀 있는 암염은 지층에 구멍을 뚫어 그 구멍으로 물을 부어 소금이 녹으면 그 물을 퍼 올려 불순물을 걸러 내고 소금을 얻는다. 암염은 농도가 진하고 염화나트륨 비율이 98퍼센트이기 때문에 식용보다는 주로 공업용으로 이용된다.

품이었어요. 모피의 경우에도 짐승의 가죽과 털을 반드시 소금에 절여야 만들 수 있었거든요.

소금 생산이 늘어나자 미국인들은 더 이상 비싼 영국 소금을 수입할 필요가 없다고 생각했어요. 반면 영국은 조금씩 늘어나는 미국의 수출에 경계를 하고 있었죠.

고민하던 영국은 미국에서 수출하는 물건에 높은 세금(관세)을 매겨 버려요. 미국은 이에 발끈하고, 마침내 두 나라 사이에 전쟁이 발발하게 되었답니다. 이것이 유명한 미국의 독립 전쟁이에요.

전쟁이 터지자 영국은 먼저 대륙 봉쇄령을 내려 미국으로 들어가는 물자의 수송을 막아 버렸어요. 그중에는 소금도 있었어요. 그런 후 영국군은 미국 동부에 세워진 제염소를 하나하나 파괴하기 시작했어요. 순식간에 미국은 심각한 소금 부족에 시달리게 되었지요.

결국 미국의 의회는 1775년에 소금 부족에 대처하는 법안을 통과시켜요. 미국의 13개 주는 온갖 방법을 동원해 소금 확보에 나섰어요. 심지어 잡지사들도 새로운 소금 제조법을 소개한 팸플릿을 만들어 국민에게 배포했지요.

이렇게 해서 전쟁은 미국의 승리로 끝났어요. 드디어 미국은 영국으로부터 독립을 하게 된 거예요.

전쟁 기간 동안 소금 때문에 큰 고통을 겪은 미국은 즉시 소금 생산에 박차를 가하기 시작했어요. 곳곳에 제염소를 건설하고 소금의 생산과 운송을 위해 5대호의 하나인 이리 호에 627킬로미터에 이르는 긴 운하를 건설했어요. 미국 독립 전쟁의 계기가 된 소금. 소금의 중요성을 다시금 깨닫게 해 주는 이야기네요.

미국의 제염소

독립 전쟁 이후 세워진 미국의 제염소는 크게 두 종류였다. 바닷물을 저장했다가 햇볕에 말리는 제염소와 바닷물을 끓이는 제염소였다. 바닷물을 끓이면 빠른 시간에 소금을 생산할 수 있었지만 비용이 훨씬 비쌌다. 그래서 대부분의 제염소는 자연의 힘에 소금 생산을 맡겼다.

당시 제염소의 천장은 대형 참나무 롤러로 만들었는데 열었다 닫았다 할 수 있는 개폐식이었다. 마치 돔구장처럼 날씨가 맑으면 제염소의 천장을 열어 두었다가 비가 오거나 해가 지면 얼른 닫는 구조였다.

그래서 제염소가 있는 마을 사람들은 늘 날씨에 민감했다. 비가 오면 사람들은 일손을 팽개치고 우르르 제염소로 달려가 힘을 합해 천장을 닫아야 했다. 심지어 학교에서도 비가 오면 수업을 중단하고 학생들을 돌려보냈다고 한다.

소금 우물에서 석유를 얻다

초창기 미국으로 건너간 사람들은 제염소를 지어 소금을 채취하기도 했지만, 중국 대륙의 사람들이 그랬던 것처럼 소금 우물을 파서 소금을 얻기도 했어요.

하지만 땅을 깊게 파는 것은 쉬운 일이 아니었어요. 조금 파다 보면 단단한 바위가 나오기 일쑤였지요. 삽과 곡괭이만으로는 두꺼운 바위를 뚫을 수가 없었어요. 새로운 연장이 필요했지요. 궁리 끝에 사람들은 회전을 하며 땅을 파는 드릴을 발명해 냈어요. 이 회전식 드릴 덕분에 사람들은 많은 소금 우물을 발견할 수 있었지요.

하지만 여전히 신대륙의 사람들은 모르고 있었어요. 땅 밑에 소금만큼 귀중한 액체 덩어리가 숨겨져 있다는 것을요.

1859년, 펜실베이니아 타이터스빌 교외에 사는 전직 철도원 에드윈 드레

그거 석유잖아. 어디다 쓸 데도 없는데.

이크는 그날도 드릴을 이용해 열심히 소금 우물을 파고 있었어요. 약 2킬로미터 정도 팠을 때였어요. 느닷없이 하늘 위로 검은 액체가 뿜어져 올라왔어요. 그 검은 액체의 정체는 바로 석유였어요. 드레이크가 드릴로 건드린 것은 우물은 우물인데 소금 우물이 아니라 석유 우물이었던 거예요.

42년 후인 1901년, 텍사스에서도 비슷한 발견이 있었어요. 땅 속의 소금 층인 암염 돔을 찾으려고 땅을 파던 도중에 석유가 또 나왔거든요. 지질학자들은 암염 돔과 석유가 대체 무슨 관계인지 궁금해졌어요.

"뭐야? 나오라는 소금은 안 나오고 왜 자꾸 석유만 나와?"
"석유만 나오는 게 아냐, 천연가스도 나오는걸. 킁킁."

사람들은 시큰둥했어요. 당시만 해도 석탄을 때던 시절이라 석유는 그렇게 탐나는 물건이 아니었거든요. 사실, 석유와 석탄은 매우 비슷해요. 둘 다 동물과 식물의 죽은 몸체가 오랜 세월 땅 속의 압력과 열을 받아 분해되면서 생겨나는 탄화수소 물질이니까요.

그런데 석유 층이 유지되려면 반드시 바위 같은 딱딱하고 빈틈없는 물질들 사이에 갇혀 있어야 해요. 안 그러면 석유는 흙 틈새로 줄줄 새어 버리고 말거든요. 그런데 암염, 즉 돌소금은 유리처럼 딱딱하고 빈틈이 없어서 석유와 천연가스 층을 완벽하게 유지시켜 줘요. 한마디로 암염 층이 석유가 고일 수 있는 완벽한 배사 구조를 만들어 주는 것이지요.

소금을 찾으려다 우연히 발견한 석유 때문에 미국은 세계 최대의 산유국이 될 수 있었고, 그 석유의 힘으로 신생국가 미국은 독립 후 불과 150년 만에 세계 제1의 강대국이 되어요. 또 이때 개발한 굴착 기술은 지구 표면 아래의 조사를 가능하게 하여 지질학의 발전까지 이끌어 냈답니다.

인도 독립의 시작, 소금

1930년 4월 6일 아침 여덟 시, 인도의 고요한 마을 단디의 해안으로 깡마른 몸에, 동그란 안경을 쓴 늙은 남자가 나타났어요. 노인의 뒤에는 수천 명의 인도인과 경찰들이 숨을 죽이고 그를 지켜 보고 있었지요. 깡마른 남자는 법 하나를 어기려 하고 있었어요. 그 법은 바로 식민지 인도를 다스리던 영국이 만든 소금 법이었지요.

노인은 천천히 허리를 굽히고 해변에 잔뜩 깔려 있는 소금들 중 한 덩어리를 움켜쥐었어요. 그 순간 사람들이 환호성을 질렀고 경찰들이 달려들었어요.

"해방자 만세!"

"저자를 잡아라."

간디의 죄는 소금 법을 어긴 것이었어요. 인도인은 허락 없이 소금을 생산할 수도, 옮길 수도 없다는 법이었지요.

당당하게 소금 법을 어긴 노인의 이름은 마하트마 간디*! 당시 나

간디의 소금 같은 한마디

- 비폭력은 가장 위대한 사랑이다. 이것만이 인류를 구하는 유일한 길이다.
- 비폭력은 악을 행하는 인간에게 얌전하게 복종하는 것이 아니고, 폭력자의 의지에 대항하는 것이다.
- 폭력이 짐승의 법칙이라면 비폭력은 인간의 법칙이다.

이는 예순 살이었어요.

영국인은 왜 소금 법을 만들었을까요? 그리고 간디는 왜 그 법을 어겼을까요?

여기에는 영국의 잔혹한 식민지 정책이 있었어요.

20세기의 인도는 영국의 식민지였어요. 영국은 인도인들이 영

소금을 만지려 하다니, 절대 안 돼!

국에서 생산된 물건을 사 주기를 바랐어요. 그 물건 중에는 소금도 있었지요.

하지만 인도는 소금이 부족한 나라가 아니었어요. 동부와 서부 해안에 거대한 소금 산지들이 있어서 스스로 엄청난 소금을 생산하고 있었으니까요. 그러니 굳이 비싼 돈을 주고 영국 소금을 사 먹을 이유가 없었던 거죠.

영국의 소금 법에 항거한 간디의 용기 있는 행동을 보고 전 인도인들이 간디를 따라 소금 줍기 운동을 펼쳤다. 그리고 16년 뒤 인도는 독립했다.

그래서 영국이 만든 것이 소금 법이에요. 영국은 법으로 인도인이 소금을 판매하거나 운반할 수도 없게 했어요. 그것도 모자라 소금에 높은 세금까지 부과했어요.

영국의 작전은 간단했어요. 소금이 부족해지면 인도인들은 결국 영국의 소금을 사 먹게 될 것이다!

자신들의 땅에 있는 소금을 마음대로 사 먹을 수 없고 비싼 돈을 주고 영국 소금을 먹어야 하니 인도인들은 화가 났어요. 그때 등장한 사람이 바로 간디였어요.

간디는 인도인들이 가장 존경하는 인물이자 인도 독립 운동의 아버지로 불리는 유명한 사람이에요.

1930년 3월 12일에 간디는 영국의 소금 법에 반대하기로 결심해요. 그래서 대나무 지팡이 하나를 똑똑 짚으며 간디를 믿고 따르는 사람들과 함께 440킬로미터 정도 떨어진 단디 해변을 향해 길을 떠나요.

영국인들은 물론 인도인들도 그런 간디의 행동이 바보 같다며 비웃었어요. 하지만 강인한 간디는 신경 쓰지 않았어요. 매일 아침 6시부터 시작해 매일 22킬로미터씩 꾸준히 걸어갔어요.

처음에는 비웃던 인도인들도 조금씩 감동하고 뒤를 따르기 시작했지요. 출발할 때 불과 78명이던 사람들은 어느새 수천, 수만 명으로 불어나 있었어요.

그 중에는 간디의 소문을 듣고 찾아온 다른 나라의 기자들도 있었어요. 간디가 소금을 움켜쥐는 그 모습은 기자들의 카메라에 찍혀 전 세계로 전해졌어요.

그날 이후 전 인도에서 간디를 따라 소금을 줍는 운동이 벌어졌어요. 소금 생산을 시작하겠다는 사람도 나타났고요. 수많은 사람들이 체포되고 죽었지만 인도인들은 멈추지 않았어요.

결국 간디가 소금을 줍고 나서 16년 뒤 인도는 독립을 하게 돼요. 인도의 독립, 그 시작에는 소금이 있었던 거예요.

이제 소금은 필요 없다?

거짓말처럼 소금이 흔해져 버렸어요. 이미 100년 전부터 소금은 더 이상 귀한 물건이 아니었어요. 그동안 대체 무슨 일이 일어난 걸까요?

무엇보다 가장 큰 이유는 세계 곳곳에서 대규모의 소금 생산지가 발견되었기 때문이에요. 교통과 지질학이 발전하면서 사람들은 감춰져 있던 소금 광산과 소금 호수, 소금 사막, 소금 산 등을 속속 찾아냈어요.

그 규모는 실로 엄청나요. 예를 들어, 에티오피아에서 발견된 소금 사막은 무려 4천 5백 미터 높이의 소금 층이고요, 소금으로 덮인 루마니아의 소금 산은 지금도 매년 1센티미터씩 높아지고 있다고 해요. 남미의 볼리비아에 있는 소금으로 덮인 우유니 사막은 통과하려면 차를 타고 달려야 할 정도고요.

과학 기술의 발전도 소금을 흔하게 한 원인이에요. 바닷물을 끌어다가 소금을 만드는 것이 훨씬 쉬워졌거든요. 옛날 유럽 인들이 바다가 있는데도 소금 광산을 파고 제염소를 건설했던 것은 기술이 부족하여 바닷물을 말려 소금을 만드는 데 훨씬 더 많은 시

간과 돈이 들기 때문이었어요.

그런데 이제는 기술의 발전으로 바닷물을 끌어다 소금을 만드는 것이 훨씬 간편해졌어요. 게다가 지구의 70퍼센트는 바다이고 그 속에는 약 3퍼센트의 소금이 녹아 있으니 쓰고 또 써도 부족함이 없어요.

통조림과 냉장고의 발명도 소금의 귀중함을 잊게 하는 요인 중 하나예요. 옛날 사람들은 고기나 우유, 생선처럼 변하기 쉬운 음식을 반드시 소금에 절여야 했어요. 그래야 두고두고 먹을 수 있었으니까요.

그러다 1810년에 영국인 듀랜드*가 통조림을 발명했고, 이어 냉장고까지 등장했어요. 그러니 굳이 소금에 절여야 할 필요성이 줄어들었지요.

이제 소금은 더 이상 귀한 물건이 아니에요. 오히려 몸에 해롭다, 아니다 하면서 천덕꾸러기 취급을 받고 있지요.

뿐만 아니라 소금이 흔해지면서 옛날처럼 소금으로 큰돈을 버는 부자들이 지구에서 사라졌어요. 3개월을 먹을 수 있는 소금 한 봉지가 한 끼 메뉴인 햄버거 세트보다 더 가격이 싸져서 문을 닫는 제염소들이 속출하고 버려지는 소금 광산이 생겨날 정도예요.

산업혁명 시절만 해도 영국 최대의 소금 생산지였던 체셔 지방은

듀랜드의 발명

영국의 함석 기술자 듀랜드는 어느 추운 겨울 날 점심, 프랑스 아페르가 고안해 낸 병조림에서 차갑게 언 음식을 꺼내 철 그릇에 담아 데워 먹었다. 이때 문득 철판을 잘라 땜질한 통에 음식을 보관하면 오래도록 먹을 수 있겠다는 생각이 들었나. 듀랜느는 캔 밀봉 기술 특허를 냈고, 이는 오늘날 통조림 '캔'의 원조가 되었다.

지금은 조용한 시골 마을로 변했고, 체셔의 제염소들도 박물관이 되어 버렸다고 해요.

사라진 것은 제염소만이 아니에요. 염전은 버려지고 암염 광산은 관광지로 이용되거나 핵폐기물을 저장하는 곳으로 다시 만들어지고 있다고 해요.

소금으로 황금과 노예를 바꾸었던 일도 지금은 잘 믿어지지 않는 전설이 되어 버렸어요. 또 소금을 전매하고 비싼 세금을 부과하려는 국가와 이에 반발하는 민중들의 혁명, 소금 산지를 차지하기 위한 국가 간의 전쟁도 더 이상 일어나지 않아요.

소금이 사용되는 방법도 크게 달라졌어요. 전체 소금의 90퍼센트가 음식에 사용된 적도 있었지만, 오늘날은 전체 소금의 80퍼센트가 물건을 만들 때 사용되는 공업용 소금이고, 20퍼센트만이 식용 소금이지요.

건강에 대한 높은 관심으로 몸에 좋은 각종 기능성 소금도 등장했어요. 요오드를 첨가한 소금, 짠맛을 줄인 저염 소금, 항아리 소금, 해저심층수 소금 등등.

그러나 아직도 지구에는 소금 하나에 의지해 살아가는 사람들이 있어요. 히말라야 고산 지대에 차마고도라는 곳의 사람들이에요. 그곳에 살고 있는 티베트 유목민들은 해발 1천 2백 미터 높이의 산을 꼬박 3일 간 올라가 중턱에 있는 소금 호수로 가요. 그곳에서 소금을 캔 뒤 눈보라가 몰아치는 해발 4천 8백 미터의 산을 넘어 다시 이웃 마을로 가요. 소금과 생필품을 바꾸기 위해서죠.

우리에게는 흔하디 흔한 소금이 차마고도의 사람들에게는 여전히 화폐이자 생명인 셈이에요.

차마고도의 소금 호수 유래와 채취 방법

차마고도의 소금 호수는 약 4천만 년 전, 아시아 대륙과 인도 대륙이 충돌하면서 원래는 바다였던 부분이 위로 삐죽 솟아올라(융기라고도 한다.) 형성된 지형이다. 이후, 빠져나갈 곳이 없는 바닷물은 오랜 세월 조금씩 증발하면서 지금의 소금 호수가 되었다. 이름은 소금 호수지만, 물은 별로 없고 굵은 소금 덩어리로 뒤덮여 있다. 소금 사막과 비슷하다.

이 호수는 대단히 높은 곳에 있어서 오르는 길은 어렵지만 도착한 후 소금을 얻는 것은 어렵지 않다. 죄다 소금 덩어리이기 때문이다. 단, 주민들은 소금을 가져가기 전 부처님께 소금을 먼저 바친 다음 소금을 가져가는 의식을 치른다. 그러고는 간단한 도구로 소금 덩어리를 적당한 크기로 부숴 자루에 담아 소처럼 생긴 야크라는 동물의 등에 싣고 내려온다.

Chapter 6

인류의 '빛과 소금' 천일염

태양과 바람과 사람의 땀이 어우러져
만들어지는 우리나라의 천일염.
인류의 '빛과 소금'인 천일염을 만나 보자.

한국 소금에 반한 일본인

 작년 이맘때의 일이었어요. 일본인 친구가 한국으로 놀러 왔어요.
 친구는 나고야에서 음식점을 하고 있었어요. 그래서 내가 음식 만들 때 무슨 소금을 넣느냐고 물었더니 "당연히 슈퍼에서 파는 일반 소금이지 뭐." 라고 대답하더군요. 친구의 반응은 어쩌면 매우 당연한 것

인지도 몰라요.

일본인들이 사 먹는 소금의 80퍼센트는 공장에서 만드는 소금이에요. 흔히 '정제염'이라고 하지요. 일본에서 정제염이 많이 팔리는 이유는 간단해요. 지금 일본에는 염전이 거의 남아 있지 않아요. 38년 전 일본 정부는 소금 사업 조치법으로 염전을 없애 버렸어요. 지금도 오키나와와 일부 지역에 염전이 있지만 염전이라기보다는 관광지로 더 유명해요. 일본의 슈퍼마켓에서 팔리는 오키나와산 천일염은 고급 소금으로 정제염보다 무려 다섯 배 이상 더 비싸답니다.*

미네랄 첨가 소금

일본은 1970년대에 전국의 염전을 없애고 공장에서 만든 정제염을 권장했다. 그런데 근래 들어 그 부작용이 나타나기 시작했다. 정제염을 이용하자 미네랄 부족으로 인한 질병들이 생기기 시작한 것이다. 이를 보완하기 위해 천일염에 붙어 있는 미네랄을 정제염에 첨부해 보기도 하지만 천일염처럼 균형 잡힌 소금을 만들어 내지 못하고 있다.

며칠 후 친구가 돌아갈 때 나는 한국 천일염을 선물로 조금 사서 주었어요.

"와! 이게 천일염이야? 처음 봐. 신기해."

친구는 무척 신기해하며 믿을 수 없다고 말했어요. 우리나라 천일염의 가격은 오키나와 천일염의 10퍼센트밖에 되지 않았거든요.

며칠 후에 친구가 편지를 보내 왔어요. 친구는 잔뜩 흥분해 있었답니다.

"빅뉴스야! 한국 천일염을 요리에 넣어 봤는데……. 글쎄, 음식 맛이 달라졌다고 손님들이 칭찬을 하는 거야. 나도 먹어 봤는데, 맛있더라고. 예전에는 늘 몸이 찌뿌둥했거든. 이 소금을 먹은 뒤로 몸도 가뿐해지더라. 지금은 목욕할 때마다 목욕물에도 풀어서 사용하고 있어. 그렇게 목욕하고 나면 기분이 너무 상쾌한 거 있지!"

친구는 소금 하나로 이렇게 달라질 수 있는 거냐며 믿을 수 없다고 했어요. **이 친구처럼 한국 소금에 푹 빠진 일본인들이 부쩍 늘**

없어요. 한 일본인은 《한국 소금에 미친 남자》라는 책도 썼어요.

그런데 세계가 이토록 부러워하는 한국 소금이 놀랍게도 우리나라에서는 2008년까지 요리에 사용할 수 없도록 금지되어 있었어요. 지금부터 그 이야기를 하려고 해요.

우리나라 소금의 역사

옛날부터 우리나라에서는 소금을 약으로 사용하기도 했어요. 조선의 명의 허준은 동의보감에서 소금에 대해 다음과 같이 기록했어요.

"소금은 독기를 없애며, 아픈 가슴과 명치끝을 낫게 하고 헌 데를 치료한다."

음식뿐 아니라 의약품으로도 많이 쓰이던 우리나라의 소금 생산 기록은 뜻밖에도 아주 적어요. 소금에 대한 기록은 대부분 고려 시대 이후의 것이에요. 그래도 몇 안 되는 기록을 통해 보면 삼국 시대 바다와 인접한 백제와 신라는 바닷물을 가마솥에 넣고 끓여 소금을 얻은 것으로 보여요. 바다와 먼 고구려는 주변국 옥저에서 나는 소금을 사용했고요. 옥저는 지금의 함경도 지방의 국가였는데, 소금과 해산물을 고구려에 조공으로 바쳤다는 기록이 있거든요. 훗날 고구려가 옥저를 정복하면서 상당량의 소금을 손쉽게 구했다고 해요.

이후 고려 시대에는 도염원이라는 기구를 두고 국가가 직접 소금 가마솥을 소유하고 소금을 만들어 백성들에게 나눠 주거나 팔았다고 해요. 소금 전매제를 실시해 국가 재정의 원천으로 삼은 거예요. 그러다 고려 후기에 귀족 계층에서 소금 가마솥을 사적으로 소유하면서 문제가 되었지요.

이후 각염법을 개정하여 국가에서 엄격하게 소금의 생산과 유통을 관리해 정해진 배급일에만 백성들에게 소금을 팔았어요.

평양감사보다 소금 장수

기록이 거의 없기 때문에 소금이 어느 정도 귀했는지는 정확히 알 수 없지만 속담에 '평양감사보다 소금 장수'라는 말이 있고, 일제 시대에 소금 한 가마가 쌀 두 가마에 거래된 것을 보면 소금은 확실히 귀한 물건이었다.

그러면 조선 시대에는 어땠을까요? 그때에는 소금을 만드는 염부들은 나라에 세금을 내고, 소금을 자유롭게 사고 팔기도 했어요. 이때까지도 소금은 염전에서 소금을 거두는 방법이 아니라 삼국 시대처럼 바닷물을 가마솥에 넣고 끓여서 얻었어요. 우리가 아는 염전은 인천에서 1900년대 초반에야 생겼지요.

우리나라도 옛날에는 소금이 귀했지만 서양에 비해서는 어느 정도 자급자족이 가능했다고 봐요. 소금을 수입해야 했던 서양 국가들과 달리, 고려와 조선이 중국이나 일본으로부터 소금을 수입했다는 기록이 없거든요. 오히려 조선 시대에는 여진족에 소금을 수출했다는 기록이 남아 있어요. 그런데도 소금이 귀하고 비쌌던 이유는 국가가 세금 수입을 안정적으로 확보하기 위해 소금을 통제했기 때문이에요.

일제 시대에도 소금은 전매제로 운영됐어요. 우리 민족의 기본 식품인 소금으로 우리나라를 장악하려고 했던 거죠. 해방 전까지 소금은 인천, 군산, 목포 등의 항구에서 중요한 교역품이었어요.

1961년 이후부터는 염전매법이 폐지되어 국유염전과 민영업계로 나뉘어 소금을 만들어 판매하고 있어요. 1973년에는 5만 톤을 생산해 일본에 수출했다고 해요. 당시 염전의 규모는 지금의 무려 3배였고요.

그러다가 값싼 외국의 화학염이 수입되면서 우리나라의 소금 산업은 조금씩 내리막길을 걷기 시작해요. 외국산 식용 소금은 같은 무게의 천일염에 비해 3배나 저렴했거든요. 그러나 이때까지만 해도 소금 수입은 제한적이었어요. 하지만 1997년에 소금 수입이 자율화되면서 외국 소금이 대량으로 들어오기 시작했어요. 우리 소금 산업은 결정타를 맞게 되지요. 그렇게 우리 소금 산업은 화학염과 값싼 중국산 천일염에 밀려 한동안 고전하게 돼요. 그러다가 건강에 대한 국민들의 관심이 커지면서 다시 기지개를 켜기 시작했지요.

왕이 된 소금 장수

삼국 시대에 소금 장수를 하다가 왕이 된 인물이 있다. 그 소금 장수의 이름은 을불이다. 을불의 아버지는 고구려 14대 왕인 봉상왕의 동생이었다. 봉상왕은 포악한 왕이었고 자신의 동생도 믿지 않았다. 결국 을불의 아버지는 역적으로 몰려 죽게 되고 어린 을불은 간신히 도망쳐 살아남는다. 그리고 여기저기 다니며 머슴살이도 하고 소금까지 팔러 다니게 된다. 그러다가 봉상왕이 죽자 왕의 혈통으로 인정받아 고구려 왕이 될 수 있었다. 왕이 된 을불은 옛 고조선 영토를 회복하는 등 맹활약을 펼쳤다. 이 왕이 바로 고구려 15대 왕인 미천왕이다.

짜다고 다 같은 소금이 아니다

건강에 좋고 음식 맛을 높여 주어 최근 인기를 끌고 있는 천일염. 그런데 이 천일염이 2008년까지만 해도 먹어서는 안 되는 금지 식품이었어요. **1996년에 염관리법이 개정되면서 천일염을 식품이 아닌, 구리나 석탄 같은 광물로 취급하기 시작했거든요.** 이 법으로 인해 천일염은 배추나 고등어 등 생선을 절이는 용도 말고는 어떤 음식에도 넣을 수 없고 식품으로 슈퍼마켓에서 팔 수도 없었어요. 갑자기 왜 이런 법이 만들어졌는지 이해가 안 간다고요? 지금부터 설명해 줄게요.

1980년대까지, 사람들은 중국을 '잠자는 곰'이라고 불렀어요. 곰이라 불렀던 것은 거대한 땅 덩어리와 엄청난 인구를 가지고 있으면서도 미국이나 프랑스, 영국 같은 자본주의 국가와 거의 교류를 하지 않았기 때문이에요. 그랬던 중국이 1980년대부터 굳게 닫았던 문을 조금씩 열고 다른 국가들과 교류를 시작했어요. 바로 중국의 경제 발전이 시작된 순간이지요.

많은 공장이 중국 동쪽 해안 지대에 건설되었어요. 중국의 수많은 공장에서 흘러나온 엄청난 폐수와 중금속, 생활 오수가 우리나라 서해로 흘러 들어왔어요. 바로 천일염이 만들어지는 곳으로 말이에요.

서해가 빠르게 오염되자 사람들은 천일염이 더 이상 깨끗하지 않다고 생각했어요. 우리나라 사람들은 깨끗한 소금을 원했어요. 그래서 등장한 것이 정제염과 꽃소금, 죽염이에요. '깨끗이 걸러내다' 라는 뜻을 가진 정제염은 염화나트륨 순도가 99퍼센트인 깨끗한 소금이에요. 결정이 예쁜 꽃소금은 천일염을 깨끗한 물에 녹여 불순물을 제거하고 다시 가열하여 결정시킨 소금인데, 두 번 만들었다고 해서 재제염이라고 부르기도 해요. 죽염 역시 천일염을 대나무 통에 넣어 구워 낸 소금이에요. 대나무에서 나온 수액이 중금속에 오염된 천일염을 중화시키거든요. 이 세 가지 소금 중에 정제염이 가장 많이 팔렸어요. 깨끗한데다 값도 가장 저렴했으니까요.

하지만 정제염은 많은 문제점을 가지고 있는 소금이에요. 99퍼센트가 염화나트륨이기 때문이지요.

많은 사람들이 소금은 곧 염화나트륨이라고 알고 있어요. 그래서 소금은 다 같다고 생각하죠. 하지만 정제염과 천일염은 달라도 너무 달라요. 천일염은 염도가 낮고 미네랄 함량이 많은 약알칼리성을 띠고 있지만, 정제염은 약산성을 띠고 있어요. **가장 큰 차이점은 정제염에는 미네랄이 없다는 거예요.**

두 가지 소금의 맛을 볼까요? 하나는 공장에서 만든 고운 정제염이고 다른 하나는 서해안 갯벌에서 만들어진 굵은 소금, 즉 천일염이에요. 우선 정제염의 맛부터 볼게요.

"웃, 짜다!"

이번에는 굵은 소금의 맛을 볼게요.

"역시 짜다. 그런데 뭔가 좀 다른걸?"

짠맛이 서로 다른 이유는, 정제염은 99퍼센트 염화나트륨 덩어리이지만, 천일염은 염화나트륨 함량이 약 85퍼센트라서 그래요. 나머지 15퍼센트는 마그네슘, 칼륨, 칼슘처럼 우리가 미네랄이라고 부르는 것들로 채워져 있어요. 천일염이 우수한 것은 정제염에는 없는 바로 이 15퍼센트의 미네랄 때문이에요. 미네랄은 우리 몸에서 아주아주 중요한 일을 하거든요.

저염 소금, 팬솔트

나트륨은 몸에 꼭 필요하지만 너무 많이 섭취하면 오히려 신장을 공격하고 고혈압 등 혈관 질환을 유발한다. 이에 저염 소금을 이용하려는 움직임이 한 구석에서 일고 있다. 저염 소금이란 짠맛은 그대로 유지하면서 나트륨 대신 다른 물질을 첨가한 것이다. 그중 하나가 바로 팬솔트이다. 팬솔트는 보통의 정제염에 비해 염화나트륨 함량이 40퍼센트 정도 낮다. 염화나트륨 대신 염화칼륨으로 짠맛을 내 주기 때문에 과도한 나트륨 섭취를 줄여주면서 필요 없는 나트륨을 잘 배출하게 도와준다. 하지만 신장이 안 좋은 사람이 염화칼륨을 너무 많이 섭취하면 호흡 곤란이나 심장마비 증상이 일어날 수 있다.

미네랄이 풍부한 우리나라 천일염

"의사 선생님, 요즘 눈 주위가 자꾸 바르르 떨려요."
"마그네슘 결핍이군요."

미네랄은 우리 몸에 존재하는 여러 원소들 중 탄소, 수소, 산소, 질소를 제외한 모든 원소를 말해요.

우리 몸에 미네랄이 부족하면 생리 현상에 장애가 나타나고 만성 피로, 두통, 아토피, 불면증 등 각종 질병에 시달릴 뿐 아니라 심하면 죽기도 해요. 이런 미네랄은 대부분 음식으로 섭취할 수 있어요. 문제

천일염은 태양과 바람, 그리고 갯벌 미생물들이
만들어 낸 자연 최고의 합작품이다.

는 바로 음식이지요.

재미있는 연구 조사가 있어요. 현대인들은 과거에 비해 미네랄 부족 현상이 심각하다고 해요. 그런데 가난한 국가보다는 잘 사는 국가 국민의 미네랄 부족이 더 심각하다고 하고요. 실제로 미국 농무성 보고에 따르면, 미국 성인의 90퍼센트가 미네랄 결핍증을 겪고 있다고 해요. 우리나라 성인의 80퍼센트는 마그네슘 결핍증에 시달리고 있고요. 그것은 우리가 먹는 식품에 들어 있는 미네랄의 양이 과거에 비해 낮아졌기 때문이에요. 50년 전의 식품에 비해 겨우 10~20퍼센트밖에 되지 않거든요.

미네랄이 갑작스럽게 낮아진 이유가 뭘까요?

가장 큰 이유는 사람들이 인스턴트 식품을 즐겨 먹고 외식을 자주 하기 때문이에요. 식품은 가공하면 할수록 미네랄이 쏙쏙 빠져나가요. 인스턴트 식품은 재료를 깨끗하게 세척하는 과정에서 많은 수용성 미네랄이 사라져요. 또 감자튀김처럼 기름에 튀겨야 하는 음식들은 이 과정에서 무려 50퍼센트나 되는 미네랄이 달아나 버려요. 식당에서 만들어진 음식에 사용되는 소금도 대부분 정제염이나 정제염에 화학조미료를 넣은 화학염이라서 외식 문화가 발달한 요즘에 미네랄이 더욱 부족해지는 거죠.

음식 자체에 미네랄 함양이 줄어들기도 했어요. 수세식 화장실이 등장했기 때문이에요. 옛날 우리의 화장실은 일명 '푸세식'이라 불리는 재래식 변소였어요. 농부들은 화장실의 분뇨를 버리지 않고 모아 밭의 거름으로 사용했지요. 분뇨는 소중한 거름이에요. 어떤 지방에서는 쌀로 교환하기도 했을 정도니까요.

"농부 아저씨, 우리 집 똥통 가져왔어요. 크, 냄새.'"
"수고했다. 쌀 한 말 갖고 가거라."

우리의 배설물(분뇨)에는 미네랄이 풍부하게 담겨 있어요. 그러니 이 거름을 먹고 자란 채소 역시 미네랄이 풍부할 수밖에 없겠지요. 즉, **우리 몸과 식물은 서로 미네랄을 주고받았던 거예요.** 육류와 어패류도 마찬가지예요. 외양간의 소들은 농부 아저씨가 직접 끓여 주는 쇠죽이나 자연 상태의 풀을 뜯어 먹었고, 돼지들은 인간이 남긴 음식을 그대로 먹었어요. 닭들은 마당을 돌아다니며 벌레를 잡아먹거나 좁쌀 같은 곡식을 쪼아 먹었고요. 바닷속 물고기들은 자유롭게 헤엄치며 천적을 잡아먹거나 해초를 뜯어 먹었지요.

재래식 변소가 사라지고 수세식 화장실이 등장하면서 식물에 제공되던 미네랄 공급이 확 줄었어요. 농부들이 식물에게 주는 거름도 비료 공장에서 만든 화학 비료로 바뀌었고요. 화학 비료는 질소와 인, 칼륨은 풍부하지만 칼슘, 마그네슘은 부족하답니다. 여기에 농약까지 등장하면서 식물의 미네랄 흡수를 도와주는 미생물들마저 독한 농약에 죽어 버렸어요. 이렇게 비료와 농약으로 자라다 보니 요즘의 채소는 과거에 비해 미네랄 함유량이 적을 수밖에 없지요.

축산업에서도 미네랄 부족 현상이 나타나요. 소, 돼지, 닭도 공장에서 만든 사료를 먹고 있거든요. 양식장의 조개와 물고기들도 인간이 음식에 천일염을 사용하면 부족한 미네랄 섭취량을 늘릴 수 있다.

제공하는 공장 사료를 먹고 있고요. 이렇게 채소와 육류, 어패류까지 오늘날 우리가 먹는 대부분의 음식 속 미네랄은 옛날에 비해 눈에 띄게 줄어들고 있어요.

화학 비료와 사료를 사용하지 않는 식 재료를 우리는 자연산이라고 불러요. 사람들이 자연산! 자연산! 노래를 부르는 것도 꼭 맛이 더 좋기 때문만은 아니에요. 우리 인체가 본능적으로 자연산 식품에서 풍부한 미네랄을 느끼기 때문이지요.

그런데 몸에 부족한 미네랄을 보충할 수 있는 최고의 자연산 식품이 있어요. 바로 우리나라에서 만들어지는 천일염이에요. 우리나라 천일염은 미네랄이 아주 풍부한 세계 최고의 천일염이거든요. 만약 우리가 먹는 거의 모든 음식에 천일염을 사용한다면 지금보다 훨씬 미네랄 섭취량이 늘어날 거예요.

세계 최고급 천일염을 생산해 내는 우리나라의 유명한 염전은 서해안에 있어요. 드넓은 갯벌이 있기 때문이지요. 갯벌은 밀물과 썰물의 차가 심한 곳에서만 나타나요. 파도가 높고 수심이 깊은 동해안에 염전이 하나도 없는 것도 그 때문이에요. 염전에 고인 물에 손을 한번 넣어 볼까요?

"엇, 왜 이렇게 미끌미끌하지?"

염전의 물이 점액질처럼 미끌미끌한 것은 미생물들 때문이에요. 갯벌에는 조개와 게, 소라 같은 갯벌 생물들과 물고기들이 좋아하는 동물성 플랑크톤이 잔뜩 살고 있어요. 갯벌 생물들은 숨을 쉬고 분비물을 끊임없이 만들어 내는데 이것들이 염전으로까지 흘러 들어가게 되지요. 그 속에는 우리 몸에 좋은 칼륨과 칼슘, 마그네슘이 풍부하게 들어 있어요. 바로 우리나라 천일염에 미네랄이 많은 이유이지요.

뿐만 아니라 염전은 생태학적으로도 대단히 중요한 역할을 해요. 갯벌에는 물고기들이 좋아하는 동물성 플랑크톤이 풍부하지요. 이 바닷물이 염전으로 흘러 들어가면 플랑크톤이 왕성하게 번식을 시작해요. 그리고 소금이 만들어지면서 플랑크톤은 물과 함께 바다로 흘러 들어가고 물고기들의 좋은 먹이가 돼요. 그래서 염전 주변에는 늘 물고기들이 많이 몰려들어요. 이것을 증명하는 좋은 예가 있어요.

바로 프랑스예요. 1970년대 프랑스에서는 염전을 메워 리조트를 만들었어요. 이때 많은 염전이 사라졌지요. 그러자 부근의 어

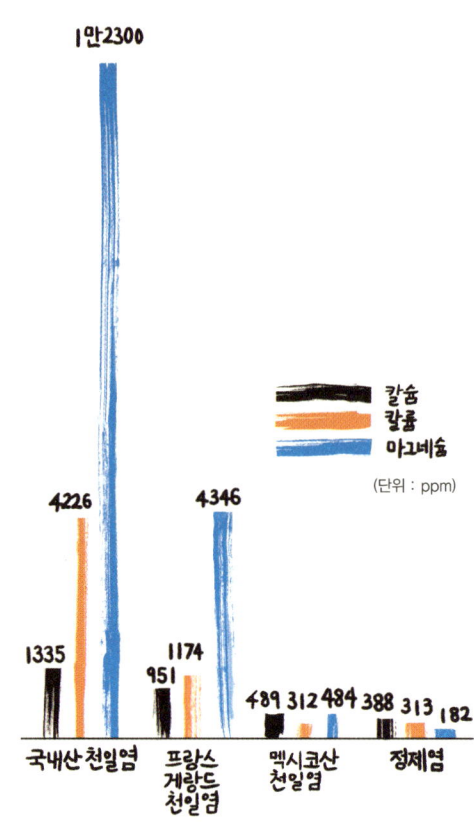

최고의 미네랄 함유량을 자랑하는 국내산 천일염

획량이 크게 줄어들었다고 해요.

하지만 갯벌이 있다고 모두 미네랄 함유가 높은 소금이 생산되는 것은 아니에요. 중국 보하이 만의 당고 염전도 갯벌 염전이지만 미네랄 함량은 굉장히 낮아요. 미생물들이 풍부하지 않기 때문이에요. 미생물들이 풍부하게 살아 있는 갯벌을 갖춘 곳은 세계에서 겨우 다섯 군데뿐이에요.

그 중 한국산 천일염이 미네랄 함유량이 가장 높아요. 천일염을 대량으로 생산하는 곳도 세계에서 오직 서해안뿐이고요. 세계가 우리의 서해안 갯벌에 주목하는 이유랍니다.

태양과 바람의 꽃, 천일염

우리 서해안 천일염은 어떻게 만들어질까? 염전에는 저수지가 있고, 증발지가 있다. 저수지는 바닷물을 끌어다 저장해 놓는 곳으로, 주로 덮개를 씌워 보호한다. 증발지는 저수지보다 얕은 곳으로, 깨끗이 청소한 다음 저수지의 바닷물을 끌어온다. 이제 기다리는 일만 남았다. 햇빛과 바람을 받아 바닷물이 증발하면서 가장자리 쪽부터 서서히 소금 결정이 보이기 시작한다. 하얀 소금 결정은 점점 더 그 모습을 드러내 마치 꽃처럼 일어난다. 바닷물이 거의 증발하고 하얀 소금이 다 드러나면 T자 모양의 고무래로 끌어 모아 80센티미터 정도의 산처럼 쌓아 놓는다. 그리고 물이 빠지기를 기다려 소금 창고에 옮겨 놓는다. 소금 창고에서 간수를 빼고 나면 미네랄이 풍부한 천일염이 만들어지는 것이다.

식탁의 꽃으로 피어난 천일염

천일염이 식품으로 금지되자 여기저기서 불만이 쏟아져 나왔어요. 천일염에 익숙해진 사람들은 정제염이 들어간 음식이 맛이 없다고 느꼈거든요.

입맛 없을 때, 따뜻한 흰밥 위에 한 젓가락 살짝 올려놓으면 뚝딱 한 그릇을 비우게 만드는 밥도둑 젓갈. 그 젓갈도 천일염으로 절여야만 제맛이 나요. 그런데 천일염 사용이 금지되자 정제염으로 만들 수밖에 없었지요.

"웩! 새우젓 맛이 왜 이래?"

"오징어젓도, 명란젓도 다 그래. 젓갈 맛이 다 이상하게 변했어."

사람의 입맛처럼 예민한 것도 없을 거예요. 정제염으로 바꾸자, 사람들은 모두 젓갈 맛이 형편없다고 불평을 했어요. 그러자 오랫동안 젓갈을 만들어 온 사람들은 정부 몰래 천일염을 다시 넣곤 했어요. 들키면 벌금을 물어야 했지만 그래도 어쩔 수 없었어요. 맛있는 젓갈을 위해 몰래 천일염을 넣으려는 사람들과 이를 감시하는 정부 사이에 오랫동안 숨바꼭질이 있었답니다.

"천일염 숨겨! 공무원 떴다!"
"음, 어디선가 천일염의 느낌이……. 혹시 젓갈에 몰래 천일염 넣고 그런 거 아니지요?"
"안 넣었는데요."

사람들은 조금씩 깨닫기 시작했어요. 정제염보다 천일염이 더 맛 좋고 몸에도 좋다는 사실을요. 그러나 '천일염은 과연 깨끗한가?'에 대한 의심은 여전히 남아 있었어요. 천일염을 사랑하는 사람들은 계속해서 천일염이 깨끗하다고 주장했어요.

천일염이 만들어지는 갯벌에는 수많은 미생물이 살고 있어요. 미생물들은 인체에 해로운 물질은 삼키고 이로운 물질은 갯벌에 토해 내지요. 식물이 이산화탄소를 받아늘이고 산소를 내뿜는 광합성을 하듯 말이에요. 이 과정에서 염전은 정화가 되어 깨끗해져요. 사람들은 이 연구 결과를 가지고 계속 정부를 설득했어요.

"천일염을 다시 허락해라!"
"젓갈이 맛 없어서 도저히 못 먹겠다!"

결국, 정부는 2008년 3월부터 천일염을 다시 식품으로 인정했어요. 천일염의 깨끗함과 우수성을 정부도 인정할 수밖에 없었던 거예요.

김장을 담글 때에도 천일염과 정제염에 절인 배추는 완전히 달라요. 천일염에 절인 배추는 섬유 조직이 단단하고 싱싱하게 유지되지만 정제염을 뿌린 배추는 금방 흐물흐물 물러 버리지요. 그래서 맛있는 집으로 소문난 식당일수록 김치를 비롯한 모든 음식에 천일염을 사용해요. 심지어 이민을 간 교민들 중에서도 꼬박꼬박 비싼 항공료를 감수하면서까지 천일염을 사 먹는 사람들이 있을 정도니까요.

중국산 천일염과 우리 천일염

같은 천일염이라도 중국산 천일염과 우리나라 천일염은 크게 다르다. 고기를 구울 때나 나물을 무칠 때에도 우리나라 천일염이 아니면 그 맛이 나지 않는다. 왜 그럴까? 현미경으로 살펴보면 중국산 천일염은 결정이 단단한 사각형이다. 즉, 잘 깨어지지도, 잘 녹지도 않기 때문에 볶음 요리에는 적당하나 구이 요리나 무침 요리에는 맞지 않는다. 중국에 볶음 요리가 많은 것도 바로 이 때문이라고 한다. 반면 우리나라 천일염은 물에 잘 녹고 어떤 재료들과도 잘 어울린다. 무침은 물론이고 구이, 찜 등 모든 요리에서 재료들과 환상의 궁합을 이룬다.

한국 천일염, 세계로 나아가다

우리나라는 대표적인 소금 수입국이에요. 세계에서 유일하게 천일염을 대량으로 생산한다면서 수입한다니까 어리둥절해하는 친구들도 있겠네요.

우리나라는 1년에 약 300만 톤의 소금이 필요해요. 그런데 국내에서 만들어지는 소금은 겨우 30만 톤에 불과해요. 나머지 약 270만 톤을 호주, 멕시코, 중국 같은 외국에서 돈을 주고 사올 수밖에 없어요.

그런데 다른 한편에서는 소금을 수출해요.

"소금이 부족하다면서 어떻게 소금을 수출하지?"
"그건 수입하는 소금과 수출하는 소금이 달라서 그래."

무슨 수수께끼 같죠. 전 세계가 1년 동안 생산하는 소금은 약 2억 6천만 톤이에요. **약 60퍼센트는 암염 지대에서 생산되는 돌소금, 즉 암염이고요.** 우리가 수입한다는 소금은 바로 이 돌소금이에요. 지구에 흔해 빠진 이 암염이 우리나라에는 단 1그램도 생산되지 않거든요. 한반도에는 돌소금이 생성되는 암염 지대와 지하 함수가 없어요.

이 돌소금은 미네랄이 거의 없고 짠맛이 강한 98퍼센트 이상의 염화나트륨이에요. 이런 소금은 요리하는데 적합하지 않아요. 그래서 돌소금은 수입하는 대로 죄다 공장으로 실려 가요. 이것을 공업용 소금*이라고 하지요.

반면 우리나라가 생산하는 소금은 모두 바다에서 나와요. 인간의 몸에 가장 좋다는 그 천일염이죠. 천일염은 돌소금과 달리 짠맛이 덜하고 미네랄이 풍부해서 식용으로 사용되고 있어요.

그런데 이 천일염은 세계에서 1퍼센트 밖에 생산되지 않는 아주 귀한 소금이에요. 생산이 가능한 나라도 프랑스, 대만, 중국, 인도, 파키스탄, 태국, 그리고 우리나라밖에 없어요. 특히 우리나라 서해안에서 생산되는 천일염은 세계 천일염 생산의 무려 76퍼센트를 차지해요.

이 천일염이 요즘 아주 귀한 몸이 되었어요. 건강에 대한 관심이 폭발하면서 천일염의 인기도 덩달아 높아졌거든요. 특히 일찌감치 염전을 없애 버린 일본은 땅을 치고 후회하면서 한국의 갯벌을 부러워하

공업용 소금

화학, 건설, 세제, 제지 등 공업용 소금이 쓰이는 곳은 수백 군데나 된다. 반도체 산업에서는 불순물을 제거할 때 사용하고 철을 만들 때에도 사용한다. 그뿐인가? 도로를 포장할 때에도 사용한다. 이렇게 다양하게 사용하는 공업용 소금은 법으로 절대로 식용으로 사용할 수 없도록 정해져 있다. 하지만 공업용 소금은 식용 소금보다 훨씬 싸기 때문에 양심 없는 사람들이 식용이라 속여 팔거나 이 소금으로 반찬을 만들어 팔기도 한다.

고 있지요. 또 이스라엘은 은밀하게 세계의 염전을 사들이고 있어요.

그러다 보니 우리나라의 천일염을 찾는 외국인들도 해마다 늘고 있어요. 2008년에 30만 달러가 수출된 천일염은 1년 후인 2009년에는 무려 140퍼센트가 늘어난 약 80만 달러어치를 수출했어요. 2009년에 열린 소금 박람회에서는 무려 400만 달러의 수출 계약이 이루어졌고요.

굉장하다고요? 천만에요. 이제 겨우 시작일 뿐이에요. 광물로 천덕꾸러기 취급 받던 천일염이 당당하게 인정받은 지 겨우 2년 남짓 지났을 뿐이니까요.

부록 | 소금의 종류

원료에 따른 소금의 종류

● 천일염

염전에서 바닷물을 자연 상태에서 건조시켜 얻는 소금입니다. 천일염은 크게 대단위 천일염과 갯벌 천일염으로 나뉘는데, 대단위 천일염은 호주와 멕시코 등에서 1~2년에 한 번 트랙터 등을 이용하여 대규모로 채취하는 소금입니다. 하지만 대단위 천일염도 암염과 마찬가지로 미네랄이 거의 없어 정제염과 큰 차이가 없습니다.

갯벌 천일염은 우리나라와 프랑스가 세계적으로 유명한데 갯벌에서 소량으로 생산되는 소금으로 염화나트륨 함량이 낮고 미네랄이 풍부해 식용 소금 중 최고로 손꼽혀요. 우리나라에서는 수심이 깊지 않고 조수 간만의 차가 큰 서해안이나 남해안에서 많이 생산되고 있어요. 인도양, 지중해 연안, 미국, 오스트레일리아 등지에서도 생산되고 있습니다. 그 중에서도 특히 우리나라 서해안 일대의 천일염을 최고 품질로 치는데, 그 이유는 중국의 황하에서 우리나라 서해안까지 흘러 들어오는 물에는 황토가 많이 섞여 있기 때문이에요. 황토에는 칼슘, 마그네슘, 칼륨, 철, 나트륨, 인 등과 같이 인체에 없어서는 안 될 각종 미네랄 성분이 다량 함유되어 있거든요.

천일염의 염도는 생산 지역이나 날씨에 따라 차이가 있을 수 있으나 천연 상태에서 보통 90퍼센트 정도랍니다. 색깔도 예전에는 흰색이었으나 요즈음 생산되는 것은 산업의 발달로 생긴 오염 물질이 바닷속으로 유입되면서 색깔이 약간 회색으로 생산되기도 해요. 천일염은 공업용, 의료용, 식용 등으로 사용돼요.

● 암염

오늘날 공업용으로 여러 산업에 쓰이는, 없어서는 안 되는 아주 중요한 소금입니다. 여러 가지 소금 중 여기저기 가장 많이 사용되는 소금이에요.

예전에 바다였던 곳이 지각 변동에 의해 육지로 변한 뒤 바닷물은 증발하고 소금만 남아 돌처럼 딱딱하게 굳으면서 만들어졌습니다.

암염에는 할슈타트나 체셔의 소금 광산처럼 땅속에 깊이 묻혀 있는 것과 차마고도의 암염처럼 땅 위로 드러나 있는 것이 있는데, 채취 방법도 서로 다릅니다. 암염은 석탄이나 구리처럼 땅 속 깊이 묻혀 있어 캐내려면 땅을 깊이 파야 합니다. 그것을 소금 광산, 혹은 암염 광산이라고 부릅니다. 요즘에는 지층에 구멍을 뚫어 그 구멍으로 물을 부어 소금을 녹인 다음, 그 물을 퍼 올려 불순물을 걸러내고 소금을 얻기도 하지요.

땅 위에 있는 암염은 그냥 채취하면 되고요.

암염은 농도가 진하고 염화나트륨 비율이 98퍼센트나 되기 때문에 음식에 사용하기보다는 주로 공업용으로 많이 사용합니다. 찜질방에서 사용하는 소금도 바로 이 암염이고요. 현재 세계적으로 생산량이 가장 많아 미국, 유럽, 중국 등에서 식용으로 사용합니다.

우리나라에는 암염이 나지 않습니다.

● 조염

미역이나 톳과 같은 해초에서 추출한 소금입니다. 바닷물을 끓여서 세 번 이상 미역, 톳 등에 부어서 건조시킨 후 불에 태운 다음 담수로 녹이면 짠물이 됩니다. 이것을 끓여서 얻는 소금이 조염입니다.

제주도와 일본 사람들이 만든 소금인데, 염도는 90퍼센트 정도이고 인체에 유익한 미네랄인 칼슘과 마그네슘이 많이 포함되어 있어 건강에는 좋지만 만드는 비용이 비싸고 양도 많지 않아 대중화되지는 못하고 있습니다.

● 정염

정염은 땅속 깊이 짠물이 수맥처럼 형성되어 있어서 염분이 많은 지하수를 퍼 올려서 태양열이나 화력을 이용해서 증발시켜 추출해 내는 소금입니다. 미국, 프랑스, 러시아 등에서 주로 생산하고 있습니다.

● 목염

대나무, 은행잎, 밤나무, 밤 껍질, 박달나무 등에서 고온으로 구워 만든 소금으로 간장 질환에 좋고, 특히 혈액 및 체액을 해독해 준다고 합니다.

만드는 방법에 따른 소금의 종류

● 정제염

마그네슘, 칼슘 등의 미네랄을 화학적으로 제거하고 순도 높은 염화나트륨을 만드는 소금입니다. 염도가 95퍼센트 이상이어서 대단히 짠맛이 나는 소금인데, 가장 염도가 높은 정제염 중에는 99.3퍼센트까지 있다고 해요.

대량 생산이 가능하고 값도 저렴하고 깨끗해서 식품 회사에서 많이 이용하고 있어요. 하지만 불순물을 제거하면서 몸에 좋은 미네랄 성분도 함께 제거되어 영양적인 면에서는 다른 소금에 비해 좋지 않아요. 정제염에 MSG(글루타민산나트륨)를 첨가해 감칠맛이 나게 만든 소금을 맛소금이라고 해요. 맛소금은 요리의 마지막에 간을 맞추거나 다른 양념 없이 소금만으로 맛을 낼 때 쓰여요. 이러한 정제염은 소금이라기보다도 짠맛을 내는 일종의 화학 약품이라고 하는 것이 더 어울릴 거예요. 최근 문제가 되는 소금의 위험성은 바로 정제염 때문입니다.

● 구운 소금

　천일염을 태우거나 녹여서 만들어 낸 소금이 구운 소금입니다. 천일염을 1000℃ 이상의 센 불에 구우면 소금 알이 굵어지면서 천일염 속의 각종 유해 물질이 빠져 나와 검게 변한답니다. 구운 소금은 깨끗하고 미네랄도 풍부해서 건강에 좋다고 합니다.

● 죽염

　대나무 통에 천일염을 넣고 가마에 구워 내면 소금 덩어리가 만들어집니다. 그것을 다시 부수고 대나무 통에 넣어 굽습니다. 이런 과정을 무려 아홉 번 반복해서 만들어지는 것이 죽염입니다. 마지막 아홉 번째는 소나무 장작과 송진만으로 굽는데, 이것은 소나무의 좋은 성질을 소금에 흘려 보내기 위해서라고 합니다.

　그런데 왜 대나무에 소금을 넣어 구울까요? 대나무는 본래 유황 성분이 많습니다. 유황은 우리 몸속에 있는 각종 화학 물질과 중금속을 대소변과 피부를 통해 밖으로 배출시키는 역할을 하지요.

　이렇게 완성된 죽염은 천일염 본래의 성질은 유지하면서도 불순물과 유해 물질이 줄어들어 천일염보다 더 강한 알칼리성을 띠게 됩니다.